RK-014

MASSIMILIANO AFIERO

FESTUNG KOWEL
MARZO - APRILE 1944
ASSEDIO E LIBERAZIONE

Festung Kowel - marzo-aprile 1944 Assedio e liberazione - RK014 Prima edizione maggio 2020 by Luca Cristini Editore per i tipi Soldiershop - Ritterkreuz Special.
Cover & Art Design by Soldiershop factory. ISBN code: 978-88-93275897
First published by Luca Cristini Editore, copyright © 2020. No part of this publication may be reproduced, stored in a retrieval system or transmitted by any form or by any means, electronic, recording or otherwise without the prior permission in writing from the publishers. The publisher remains to disposition of the possible having right for all the doubtful sources images or not identifies. Visit www.soldiershop.com to read more about all our books and to buy them.

In merito alle serie Ritterkreuz, The Axis Forces ecc. l'editore Soldiershop informa che non essendone l'autore ne il primo editore del materiale pervenuto per la stesura del volume, declina ogni responsabilità in merito al suo contenuto di testi e/o immagini e la sua correttezza. A tal proposito segnaliamo che la pubblicazione Ritterkreuz tratta esclusivamente argomenti a carattere storico-militare e non intende esaltare alcun tipo di ideologia politica presente o del passato cosi come non intende esaltare alcun tipo di regime politico del secolo precedente ed alcuna forma di razzismo.

Massimiliano Afiero

Festung Kowel
marzo-aprile 1944
Assedio e liberazione

L'*SS-Gruf.* Gille con al collo la Croce di Cavaliere con Fronde di Quercia, Spade e Diamanti.

Introduzione

Nel marzo del 1944, dopo essere riuscita miracolosamente ad uscire dalla terribile sacca di Korsun, rimasta senza più mezzi ed armi pesanti, ciò che restava della divisione Wiking, malgrado avesse bisogno di una totale e rapida riorganizzazione, fu nuovamente impegnato in una nuova missione di sacrificio, per liberare la guarnigione di Kowel, circondata dai reparti sovietici. Una missione disperata e allo stesso tempo impossibile, ma i reparti della Wiking erano ormai abituati a questo tipo di operazioni e niente o nessuno poteva fermarli. Per coordinare meglio le operazioni, il comando della stessa guarnigione di Kowel fu assunto dal comandante della Wiking, l'SS-Gruppenführer Herbert Otto Gille, mentre dall'esterno i suoi reparti furono impegnati in una difficile manovra di rilievo, tra il freddo e il fango, per aprire un corridoio verso la città assediata. Particolarmente impegnati i reparti corazzati e i granatieri dei due reggimenti Germania e Westland, che guidati da abili comandanti come Joachim Richter, Rudolf Mühlenkamp, Franz Hack, Karl Nicolussi-Leck, Walter Schmidt, Hans Dorr, Günther Sitter, Otto Schneider, Friedrich Hannes e tanti altri, riuscirono con grande sacrificio e abnegazione a togliere l'assedio alla città e a ristabilire una situazione militare diventata catastrofica. Una vittoria che non cambiò le sorti della guerra, ma si trattò comunque di un'importante operazione militare, di grande valore strategico, degna di essere raccontata e che dimostrò ai Sovietici, che qualche mese prima avevano attraverso la loro propaganda affermato che la divisione Wiking fosse stata completamente distrutta nella sacca di Korsun, che la divisione di Gille era invece viva e vegeta ed avrebbe contrastato l'armata rossa ancora per molto tempo. La cronistoria degli eventi è come sempre accompagnata dalle testimonianze dei diretti protagonisti, dai rapporti delle unità coinvolte nei combattimenti, facendo riferimento alla documentazione ufficiale o alle opere già realizzate sull'argomento. Anche la documentazione fotografica è stata particolarmente curata, per accompagnare adeguatamente il testo e cercare di calare il lettore direttamente sul campo di battaglia. Un ringraziamento a tutti i nostri amici e collaboratori che hanno permesso la realizzazione di questo nuovo lavoro editoriale, sperando come sempre di aver incontrato il vostro interesse.

Massimiliano Afiero

Granatieri della *Wiking* consumano il rancio in una trincea nel settore di Kowel, 1944 (NA).

Cap. I) La situazione sul fronte di Kowel

Usciti dalla sacca di Korsun, dopo essere stati impegnati nei terribili combattimenti che avevano caratterizzato la terribile manovra di rottura, rimasti senza armi e senza equipaggiamenti, gli elementi superstiti della divisione *Wiking*, a partire dal 25 febbraio 1944, iniziarono a lasciare i centri di raccolta in Ucraina, nell'area a sud-ovest di Lisjanka, per essere trasferiti nell'area tra Chelm e Lublino, nel governatorato generale di Polonia, dove la divisione doveva essere riorganizzata. Ufficialmente, la *Wiking* passò alle dipendenze del *XXXXII.Armee-Korps* agli ordini del *General der Infanterie* Franz Mattenklott, che dal 4 marzo 1944, sarà dislocato nell'area di Lancut, cinquanta chilometri a nord-ovest di Przemyśl.

Febbraio 1944, granatieri della *Wiking* usciti dalla sacca di Korsun-Cerkassy (NARA).

Granatiere della *Wiking*.

In realtà, il Corpo era andato completamente distrutto nei combattimenti per la sacca di Korsun ed era stato ricostruito come *XXXXII.Armee-Korps z.b.V.* A sua volta alle dipendenze della *4.Panzer-Armee* (*Generaloberst* Erhard Raus), il corpo comprendeva oltre alla *Wiking*, la *131.Infanterie-Division* (*Generalleutnant* Friedrich Weber) ed elementi della 7ª divisione ungherese. La situazione militare negli ex-territori polacchi si era aggravata notevolmente: dopo i combattimenti alla fine del 1943 e l'inizio del 1944, l'ala nord del Gruppo Armate del Sud era riuscita a stabilire una nuova linea difensiva lungo la direttrice Mokovische-Kiselin-Torchin, mentre l'ala destra del Gruppo Armate del Centro si era

Festung Kowel

attestata lungo il fiume Bug da Orkhovek per proseguire in un ampio arco intorno alle paludi del Pripjet seguendo la linea Zablotye-Gorniki-Wietly.

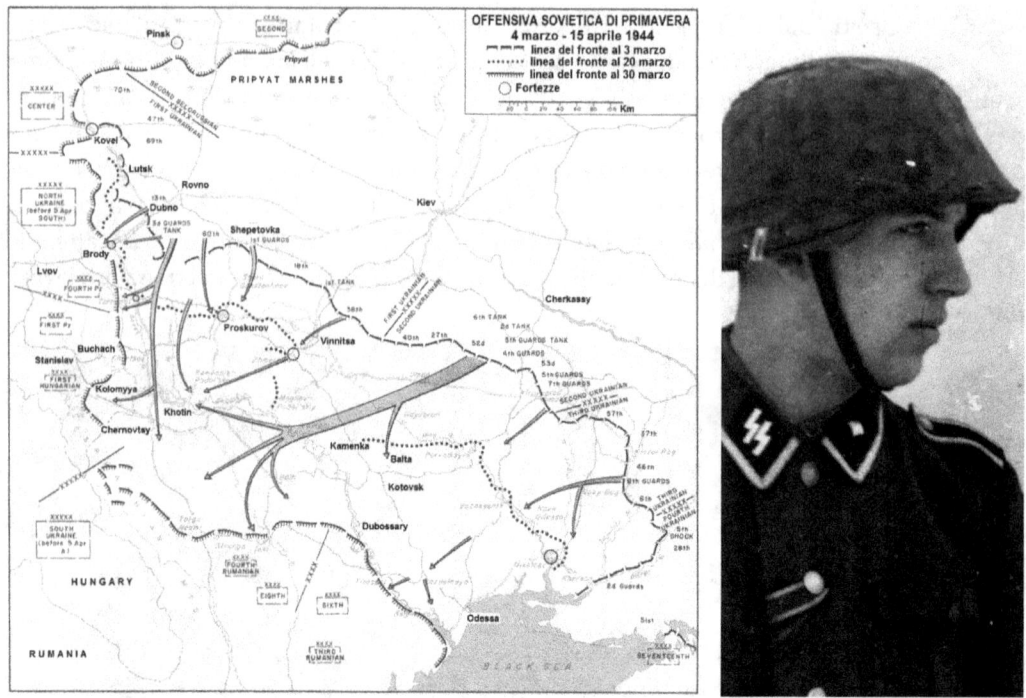

Offensiva sovietica di primavera, marzo-aprile 1944.   SS-*Uscha*. della *Wiking*.

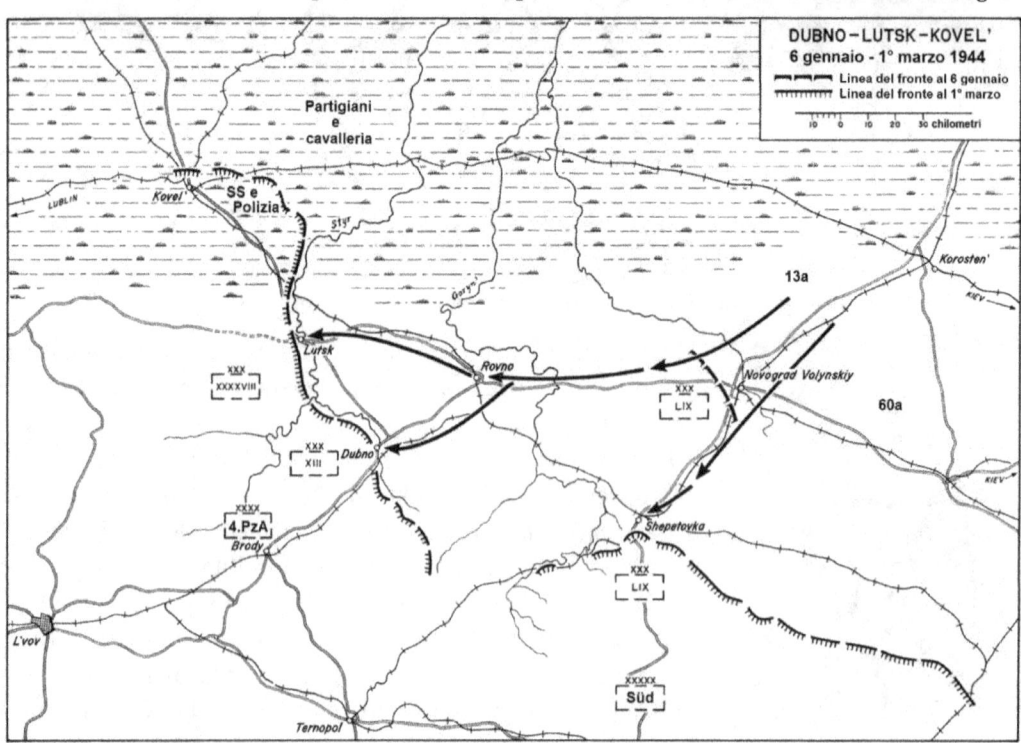

L'avanzata delle forze sovietiche tra gennaio e marzo 1944 nel settore di Kowel.

Non era stato possibile, in ogni caso, riuscire a mantenere un fronte difensivo compatto e nel punto di contatto tra i due gruppi di Armate, solo la città di Kovel (Kowel in tedesco) era rimasta in mano ai tedeschi. La città (situata nella Polesia o Polessia, una delle aree paludose più estese d'Europa), uno dei più importanti nodi ferroviari di tutta la Russia Bianca, era stata circondata da ingenti forze sovietiche e le scarse truppe tedesche lì dislocate stavano per essere sopraffatte.

Riorganizzazione dei reparti

Il *I./SS-Pz.Rgt.5*, passato agli ordini dell'*SS-Sturmbannführer* Paul Kümmel[1], proveniente dall'*SS-Pz.Ausb.u.Ers.Regiment*, dopo essere stato trasferito anch'esso a Lublino, il 2 marzo, fu trasferito ancora su treno a Tomaszow, dove arrivò il giorno dopo. Il suo stato maggiore fu ricostituito poco alla volta, con la nomina dell'*SS-Ustuf.* Leopold Bauer[2] come aiutante ed il ritorno dalla convalescenza dell'*SS-Ostuf.* Jessen[3], che assunse il comando della *4.Kompanie*. L'ordine di battaglia dell'unità era quindi il seguente:

1.Kompanie: *SS-Ostuf.* Heinrich Brand[4]
2.Kompanie: *SS-Ostuf.* Willi Hein[5]
3.Kompanie: *SS-Ostuf.* Kurt Schumacher[6]
4.(StuG)Kompanie: *SS-Ostuf.* Hans-Georg Jessen

Il 18 marzo, il battaglione fu trasferito a Chelm. Fu costituita anche una *Ausbildungs-und Ersatz-Kompanie*, agli ordini dell'*SS-Ostuf.* Leopold Mittelbacher, per formare le nuove reclute prima della loro assegnazione alle varie compagnie. Il 22 marzo, gli equipaggi di Jessen si recarono alla stazione di Chelm, per scaricare *17 StuG.III*, che però furono assegnati alla *leichte Sturmgeschütz-Brigade 190* (*Major* Wilhelm Kröhne). Il giorno seguente, l'*SS-Ostuf.* Brand, comandante della *1.Kompanie*, fu incaricato di seguire lo scarico di 22 *PzKpfw.IV*. Piuttosto che assegnare tutti questi veicoli ad una sola compagnia, fu deciso di assegnare due carri al comando del battaglione e cinque carri ad ogni compagnia dello stesso. Oltre alla mancanza di carri, al battaglione mancava anche personale e soprattutto quadri con esperienza. Qualche giorno dopo, arrivò un nuovo convoglio dalla Germania con 22 *StuG.IV*, destinati originariamente alla *4.SS-Polizei-Panzer-Grenadier-Division*, che furono invece assegnati alla *1.* ed alla *2.Kompanie* del battaglione. Il *I./SS-Pz.Rgt.5* fu trasferito pochi giorni dopo al campo di Debica, per essere ulteriormente riorganizzato e l'*SS-Ostuf.* Jessen, passò al comando della *5./SS-Pz.Rgt.5*.

SS-Stubaf. Paul Kümmel.

SS-Ostuf. Hans-Georg Jessen.

Per quanto riguardava gli elementi superstiti del reggimento di artiglieria, essi furono raggruppati a Zamosc, dove ricevettero nuove uniformi ed equipaggiamenti. Nello stesso periodo, anche i resti dell'*SS-Pz.Gren.Rgt.9 'Germania'*, agli ordini dell'*SS-Stubaf.* Hans Dorr e dell'*SS-Pz.Pi.Btl.5*, furono raggruppati a Chelm: le compagnie furono riorganizzate lentamente con l'arrivo di nuove reclute e il ritorno dei convalescenti. Le poche centinaia di superstiti dell'*SS-Pz.Gren.Rgt.10 'Westland'*, furono raggruppati invece nella regione di Krasnystaw, per un breve periodo di riposo. L'*SS-Pz.Nachr.Abt.5* si acquartierò a Slentschna, nei pressi di Lublino.

Giungono nuovi ordini

Mentre la riorganizzazione dei reparti era stata avviata, il 12 marzo 1944, dal quartier generale del *Führer*, giunse l'ordine di costituire un *Kampfgruppe* di quattromila uomini per rinforzare la guarnigione di Kowel e di proseguire la riorganizzazione della divisione. L'OKH rilasciò quest'ordine il 15 marzo:

1) E' stato richiesto dall'SS-FHA di costituire un Kampfgruppe *a partire dalla SS-Pz.Div. 'Wiking'. Conformemente all'ordine del Führer, questa formazione deve cominciare immediatamente.*

2) Disposizioni organizzative:

Composizione: un Pz.Gren.Rgt. (mot.) su tre battaglioni, una compagnia di cannoni di fanteria, una compagnia anticarro (con nove Pak pesanti) ed una

L'*SS-Stubaf*. Dorr durante i combattimenti a Korsun.

Postazione difensiva della *Wiking*, marzo 1944 (NA).

Reparti tedeschi in ritirata, 1944.

batteria di obici leggeri motorizzati.

3) Disposizioni materiali: è chiesto al quartiermastro generale di inviare immediatamente al campo di addestramento di Heidelager (nei pressi di Debica), l'equipaggiamento necessario a partire dai depositi di materiali....

......

5) Luogo della formazione: campo di addestramento di Heidelager.

Ma il giorno dopo, un nuovo telex inviato all'*SS-FHA*, all'*Heeresgruppe Süd* e al comandante in capo degli equipaggiamenti in seno all'OKH, cambiò quest'ordine. Il luogo di formazione del *Kampfgruppe* era diventato la stessa città di Kowel, dove tutta la divisione *Wiking* si sarebbe dovuta trasferire. Inoltre, il *Kampfgruppe* doveva includere non più una semplice batteria di artiglieria ma un intero gruppo di artiglieria motorizzato. Questa modifica, fu determinante per il futuro immediato della divisione *Wiking* che ricevette l'ordine di trasferirsi in una città già circondata da quattro divisioni di fucilieri sovietiche, appoggiate da numerose formazioni corazzate. La divisione era uscita da una sacca per essere subito trasferita in un'altra, senza armi e senza equipaggiamenti.

Un pezzo anticarro tedesco in posizione sul fronte dell'Est, febbraio 1944.

Kowel era una città dell'Ucraina occidentale, situata a 85 Km ad est di Chelm e a circa 60 chilometri ad est del Bug, che marcava la vecchia frontiera tra la Polonia e l'URSS.

Postazione difensiva tedesca con una *MG-42*, 1944.

Carri e artiglieria tedeschi nell'area di Kowel.

Trasporto di semicingolati della *Waffen SS*, marzo 1944.

La città, come già anticipato prima, rappresentava un nodo ferroviario e stradale di grande importanza strategica: la strada Brest-Litwsk-Rowno, una delle sole ad attraversare questa regione paludosa, passava proprio di là. Ad ovest della città, scorreva il Turja, un fiume largo duecento metri. Tutta la regione, già difficile da controllare per la sua particolare topografia, brulicava di numerose e agguerrite bande partigiane.

Festung Kowel

Il 13 marzo 1944, su ordine del *Führer*, Kowel fu eretta al rango di fortezza. Questo faceva parte della nuova strategia di Hitler, che nel vano tentativo di arrestare l'inesorabile progressione sovietica, aveva deciso di creare tutta una serie di fortezze che dovevano lasciarsi circondare per attirare intorno ad esse il maggior numero di forze nemiche. Nel caso di Kowel, la guarnigione era molto debole e comprendeva le seguenti unità, suddivise in due gruppi principali (tra parentesi il numero degli effettivi al 15 marzo 1944):

1.Gruppe (*Oberst* von Bissing)
SS-Kavallerie-Regiment 17 (877)
Bataillon von Stock (431)
Bataillon Fester (397)
Landesschützen-Bataillon 476 (476)
Landesschützen-Bataillon 637 (246)

2.Gruppe (*Oberstleutnant der Polizei* Golz)
II./Polizei-Regiment 17 (304 uomini)
I./Sicherungs-Regiment 177 (294)

Festung Kowel

SS-Ostubaf. **Schönfelder.**

Pionier-Bataillon 662 (150)
3.Kp./Pionier-Bataillon 50 (382)
Bataillon Tenner (267)
Eisenbahn-Panzerzug 10 (60)
I.Artillerie-Abteilung 426 (tranne una batteria)
I.Flak-Abteilung 854 (tranne due batterie)

Come si evince dall'elenco, la maggior parte dei reparti erano unità di seconda linea, ad eccezione delle quattro compagnie del genio e del reggimento di cavalleria SS, che però erano con gli effettivi notevolmente ridotti. Il comandante della *Wiking*, l'*SS-Gruf.* Herbert-Otto Gille[7], subito dopo aver appreso che i suoi reparti dovevano essere trasferiti a Kowel, decise di inviare il suo capo di stato maggiore, l'*SS-Stubaf.* Manfred Schönfelder[8], per preparare gli alloggiamenti: "..*Schönfelder, voi andrete laggiù per trovare degli acquartieramenti e stabilire il collegamento con questa famosa guarnigione che noi dobbiamo rinforzare. Vorrei quanto meno sapere ciò che ci attende prima di recarmi io stesso al gran quartier generale per tentare di incontrare qualcuno dei responsabili...*"[9].

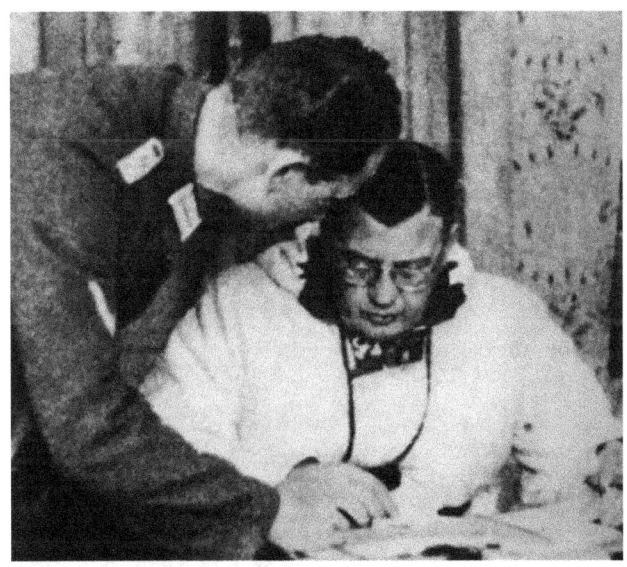

L'*SS-Ogruf.* **von den Bach, seduto con gli occhiali, comandante della guarnigione di Kowel, marzo 1944.**

L'*SS-Stubaf.* Schönfelder, giunse poco dopo a Kowel e fece il giro delle caserme. Gli uomini della divisione *Wiking* avrebbero trovato alloggio senza problemi in questa città deserta, dove la notizia della nuova offensiva sovietica aveva seminato il panico tra le truppe. Ancora meno soddisfacente fu il suo primo contatto con gli ufficiali dello stato maggiore della guarnigione: i quattromila soldati che si trovavano a Kowel, impegnati da mesi contro le bande partigiane, erano stremati ed il loro morale era a terra. Schönfelder riferì subito questa notizie a Gille, aggiungendo: "...*E non è tutto...Il problema vero, potrebbe essere forse chi comanda la guarnigione. L'SS-Ogruf. von den Bach-Zelevski sembra demoralizzato e ammalato. Il nostro grande specialista della lotta contro i partigiani è nel panico totale all'idea di dover affrontare le forze regolari dell'armata rossa e i suoi carri*". Il 15 marzo, l'*SS-Gruppenführer* Gille, di ritorno da una visita lampo al Quartier Generale del *Führer*, giunse a Lublino per preparare il trasferimento dei reparti della sua divisione.

I cavalieri SS in azione

L'*SS-Gruf.* Gille a Lublino discute con un ufficiale SS.

Elementi del *6.Schwdr./SS-Kav.Rgt.17*, febbraio 1944.

L'*SS-Kavallerie-Regiment 17*, agli ordini dell'*SS-Ostubaf.* August Zehender, era stato trasferito sul fronte di Kowel, nel gennaio 1944, in seguito all'aggravarsi della situazione militare quando le forze sovietiche del 1° fronte bielorusso si erano infiltrate tra la *2.Armee* (*Heeresgruppe Mitte*) e la *4.Pz.Armee* (*Heeresgruppe Süd*), a sud delle paludi del Pripjet. Il reggimento SS contava alla fine di dicembre 1943, 1.820 uomini (di cui 38 ufficiali). L'*SS-Kav.Rgt.17* prese posizione a Kolki, 70 chilometri ad est di Kowel, sul fiume Styr. Alla fine di gennaio, si verificarono i primi scontri con le avanguardie sovietiche, nel corso dei quali rimase ferito lo stesso *SS-Ostubaf.* Zehender, che fu rimpiazzato al comando del reggimento, dall'*SS-Stubaf.* Johannes Janssen. Il 9 febbraio, il reggimento contrattaccò, riconquistando la posizione di Rozyscze. Il 22 febbraio, i cavalieri SS appoggiarono un attacco sul fiume Styr portato dalla *7.Panzer-Division*. Il 27 febbraio, i Sovietici tornarono ad attaccare, con due divisioni fucilieri (260[a] e 362[a]), respingendo i reparti tedeschi. A sud, attaccarono con la 18[a] brigata fucilieri, a sud-est con due divisioni fucilieri (175[a] e 328[a]) e a nord-est con cinque divisioni fucilieri (60[a], 76[a], 143[a], 184[a] e 320[a]). All'inizio di marzo, l'*SS-Kav.Rgt.17* si ritrovò a combattere a nord-ovest di Kowel, lungo la linea ferroviaria Kowel - Powursk, lamentando pesanti perdite. Gli squadroni di cavalleria SS si ridussero a poche decine di uomini. L'8 marzo, rimase ferito gravemente nel corso di questi ultimi combattimenti anche l'*SS-Stubaf.* Janssen (morì il 19 marzo presso l'ospedale da campo di Kowel), che fu sostituito al comando del reggimento dall'*SS-Hstuf*. Egon Birkigt. A partire dal 14 marzo, i combattimenti si intensificarono ulteriormente, mentre si stringeva la morsa sovietica intorno a Kowel. L'*SS-Hstuf*. Birkigt rimasto ferito, fu sostituito a sua volta al comando dall'*SS-Hstuf*. Anton Ameiser e da quel momento, ciò che restava del reggimento, un centinaio di uomini, diventò il *Kampfgruppe Ameiser*. I cavalieri SS restarono in prima linea anche durante il mese di aprile, prima di essere trasferiti in Ungheria ed essere assegnati alla *22.SS-Freiw.Kavallerie-Division*.

L'*SS-Gruf*. Gille, al centro in primo piano, con lo stato maggiore della *Wiking*. Alle loro spalle, l'aereo da ricognizione *Fieseler Storch* della divisione SS, pronto a decollare. Alla destra di Gille, si riconosce l'*SS-Stubaf*. Manfred Schönfelder.

Von dem Bach-Zelewski.

Arriva Gille

Al comando della guarnigione di Kowel era stato posto l'*SS-Ogruf*. Erich von dem Bach-Zelewski, *Chef der Bandenkampfverbände des RFSS* (comandante delle unità antipartigiane del *Reichsführer-SS*)., uno specialista della lotta antipartigiana ma senza alcuna esperienza militare per fronteggiare le forze regolari sovietiche, terrorizzato all'idea di affrontare l'armata rossa. Fu quindi deciso di sostituirlo con un uomo più affidabile, l'*SS-Gruf*. Herbert-Otto Gille, comandante della *Wiking*. Ufficialmente, von dem Bach-Zelewski fu rimpatriato per motivi di salute, bisognoso di urgenti cure mediche. Il 16 marzo, il comandante della *Wiking*, l'*SS-Gruf*. Herbert-Otto Gille, volò quindi verso Kowel a bordo di un *Fieseler Storch*, insieme al *Divisions-01* (assistente del Capo di Stato

Festung Kowel

Maggiore della divisione), l'*SS-Hstuf.* Werner Westphal e del *Divisions-04*, l'*SS-Ostuf.* Hermann Kaufmann. Appena atterrato, Gille con i suoi ufficiali al seguito, si fece subito accompagnare dal comandante militare della guarnigione. Ma era assente e fu l'*Oberstleutnant* Reimpell ad accogliere Gille e Schönfelder. "*Sono il capo di stato maggiore e rappresento l'SS-Ogruf. von dem Bach-Zelevski, che è ammalato*".

Gerhard Reimpell.

Addetti alle comunicazioni della *Wiking* sul fronte di Kowel.

L'*SS-Gruf.* Gille scambia qualche parola con un sottufficiale ferito a Kowel, 1944.

"*Il nostro* Fieseler Storch *potrebbe evacuarlo?*", propose subito Gille.

"*Va bene, ma permettetemi di restare a vostra disposizione. Conosco bene la regione e vi posso aiutare*", rispose Reimpell.

Gille accettò. Reimpell gli fece il quadro della situazione: "*...ad est di Kowel, il nemico ha proseguito la sua avanzata. La nostra linea di sicurezza è molto minacciata e perdiamo terreno. I nostri uomini saranno presto a ridosso della periferia della città*".

"*Come si stanno battendo?*", chiese Gille.

"*I nostri? Senza dubbio, coraggiosamente. Ma molti non hanno istruzione militare. Manchiamo di armi pesanti, di quadri, di pezzi anticarro*", rispose Reimpell.

"*E i* Panzerfaust?", chiese ancora Gille.

"*Stanno imparando ad usarli. Ma la maggior parte sono adolescenti o anziani. Non dei veri soldati. Come si può bloccare un attacco corazzato sovietico con dei vecchi che non sparano dalla guerra del 14-18?*", rispose sempre Reimpell, quindi aggiunse con entusiasmo: "*Siamo però molto felici,* Gruppenführer, *di ricevere di rinforzo una* Panzer-Division *come la* Wiking".

Un reparto tedesco in movimento, 1944.

"Una Panzer-Division?", esclamò Gille e poi aggiunse: *"Ma il nostro convoglio comprende solo tra i 3.000 e i 4.000 uomini, male armati e senza carri. Cosa abbiamo di fronte?"*.

"Almeno quattro divisioni sovietiche. Delle unità cacciatori. Dei buoni soldati, appoggiati dai carri", rispose sempre Reimpell[10].

Terminato l'incontro, Gille si mise subito al lavoro per migliorare le difese della fortezza. Non c'era molto tempo, poiché i Sovietici erano ormai alle porte della città. Infatti, il 1° Fronte Ucraino aveva penetrato in profondità le linee della *4.Panzerarmee* in più punti durante la sua grande offensiva lanciata all'inizio di marzo. Marciando verso sud, le punte corazzate sovietiche avevano rapidamente tagliato la linea ferroviaria Tarnopol-Proskurow. Incoraggiata da questa serie di successi, l'ala destra del 1° Fronte Ucraino, aveva attaccato in direzione di Kowel ed iniziò a circondare la città a partire dal 15 marzo, approfittando della debole resistenza offerta dalle truppe tedesche nel settore.

Lancio rifornimenti dall'alto.   Soldati tedeschi recuperano un contenitore lanciato da un aereo con il paracadute contenente i rifornimenti, marzo 1944.

Ricadde allora sulla *2.Armee* il compito di proteggere le vie di accesso a Brest-Litowsk, di ristabilire il collegamento con la *4.Panzerarmee* e di liberare Kowel. Per adempiere a quest'ultima missione, si fece appello quattro giorni dopo allo stato maggiore del *XLII.Armeekorps*, uscito dalla sacca di Cerkassy e quindi ritenuto idoneo per dirigere un'operazione del genere. Per fare questo, il corpo d'armata contava sulla *131.Inf.Div.* e sulla *Wiking*. Per la difesa di Kowel, giorno e notte, i pionieri tedeschi si misero al lavoro per costruire opere difensive, ostruzioni con filo spinato, campi minati, fossati anticarro e bunker. La 'fortezza Kowel' era molto piccola come estensione, un rettangolo di appena due chilometri per tre, protetta da tutti i lati da immense paludi. L'*SS-Gruf.* Gille, richiese assistenza alla *Luftwaffe* per i rifornimenti.

Già il 18 marzo, il *Kampfgeschwader 55 'Greif'* (*KG 55*) di stanza a Demblin, fu incaricato dell'operazione. Atterrare a Kovel era impossibile, per cui i rifornimenti (cibo, munizioni, medicinali e altro) dovettero essere paracadutati dall'alto, in speciali contenitori. Il *KG 55* durante l'assedio di Kovel, effettuò 255 missioni lanciando 270 tonnellate di rifornimenti, malgrado il massiccio dispiegamento della contraerea e dell'aviazione da caccia sovietiche.

Poiché l'*SS-Gruf.* Gille si trovava dentro Kowel circondata, il comando del *Kampfgruppe* della *Wiking* fu assegnato all'*SS-Staf.* Joachim Richter[11]. Nello stesso tempo, il comando del reggimento di artiglieria passò all'*SS-Stubaf.* Hans Bünning[12] e quello del *I.Abteilung*, all'*SS-Hstuf.* Hans-Günter Bernau. Il *II.Abteilung* era agli ordini dell'*SS-Stubaf.* Karl-Heinz Bühler e il *III.Abteilung*, dell'*SS-Hstuf.* Rudolf Pintscher. Il *IV.Abteilung* era rimasto agli ordini dell'*SS-Stubaf.* Oskar Wittich. A questi reparti privi di materiali e trasformati in fanteria, si aggiunse l'*SS-Flak-Abt.5* ed elementi dell'*SS-Pz.Pi.Btl.5*.

SS-Standartenführer **Joachim Richter.**

Artiglieria tedesca alla periferia di Kowel, 1944.

Trasferimento verso Kowel

Il 16 marzo, mentre Gille ed i suoi ufficiali di collegamento atterravano a Kowel, i reggimenti *'Germania'* e *'Westland'*, lasciarono Chelm, armati soltanto di fucili e di alcune mitragliatrici. Considerati i loro effettivi e l'assenza totale di veicoli ed equipaggiamenti, furono necessari due convogli ferroviari per il loro trasferimento verso Kowel. Ma questi due convogli non riuscirono a superare Luboml, poiché furono attaccati dalle bande partigiane, che controllavano la regione. Prima di poter raggiungere Kowel, fu quindi necessario assicurare il controllo della linea ferroviaria. Il reggimento *'Westland'*, agli ordini dell'*SS-Ostubaf.* Paul Massell[13], fu incaricato di questa missione. Il 19 marzo, lo stato maggiore del *XLII.Armeekorps*, si trasferì a Chelm, per dirigere l'operazione di rilievo. La *4.Panzerarmee* aveva rinnovato l'ordine del 16 marzo, relativo alla costituzione del *Kampfgruppe 'Wiking'*. Dei mortai e dei cannoni di fanteria furono consegnati a Luboml alla vigilia dell'attacco: non c'era però abbastanza personale specializzato per servire queste armi pesanti, malgrado fossero arrivati nuovi rinforzi. Tra questi, il *III.(gep.)/SS-Pz.Gren.Rgt.9 'Germania'*, agli ordini dell'*SS-Stubaf*. Franz Hack[14], giunse dall'*SS-Truppen-übungsplatz 'Kurmark'* a Jamlitz, dove si trovava dal mese di febbraio per essere equipaggiato con veicoli semicingolati *SPW*.

A sinistra, l'*SS-Ostubaf*. Paul Massell. A destra, L'*SS-Stubaf*. Franz Hack, a bordo di uno dei nuovi semicingolati *Sd.Kfz. 250/9* in dotazione al *III./Germania*, durante la permanenza del battaglione in Croazia, novembre 1943 (US NARA).

Postazione difensiva tedesca a Kowel.

Il battaglione era ancora in attesa di ricevere questi veicoli, quando ricevette l'ordine di trasferimento in prima linea come semplice battaglione di fanteria. L'unità di Hack giunse a Luboml il 19 marzo, per essere subito aggregata alla *131.Inf.Div.* per un attacco su Maciejow. Secondo un documento ufficiale del 21 marzo[15], il battaglione possedeva solo il 20% della sua dotazione in moto, nessun veicolo a ruote e nessun cingolato. I suoi effettivi comprendevano 15 ufficiali, 100 sottufficiali e 629 soldati. Verso sera, il *XLII.Armeekorps* inviò ai reparti gli ordini per il giorno dopo[16]: "...*Attacco da Luboml su Maciejow con un raggruppamento reggimentale rinforzato dal III./Germania e 17 cannoni d'assalto della* StuG-Brigade 190 *(con equipaggi della* Wiking*) e il treno* *corazzato Nr.71. Protezione dei due fianchi dalla testa di ponte di Dorohusk assicurata dall'SS-Pz.Art.Rgt.5 (impegnato come fanteria) e dal reggimento 'Westland'"*.

La situazione però si era fatta ancora più critica, poiché a Kowel, i Sovietici erano riusciti a penetrare il perimetro difensivo della città. La conquista di Maciejow, città situata a 25 chilometri ad ovest di Kowel, divenne quindi di grande importanza, poiché questo doveva permettere l'arrivo dei reparti della *131.Infanterie-Division*. Inoltre, la linea ferroviaria Chelm-Kowel era stata sabotata in più punti dalle bande partigiane, mentre la strada, completamente trasformata in un pantano, oltre ad essere impraticabile, era in parte sotto il fuoco del nemico. L'attacco fu lanciato quindi solo il 21 marzo, a causa dei ritardi dovuti al terreno paludoso. Malgrado le condizioni sfavorevoli del terreno e malgrado fu necessario fronteggiare un nemico che si era solidamente trincerato, la posizione di Maciejow cadde nelle mani dei granatieri del *III./Germania*.

Pionieri della *Wiking* impegnati nella difficile riparazione di un tratto della linea ferroviaria, dopo un attentato dei partigiani sovietici.

Il 22 marzo, mentre il *III./Germania* fu aggregato al *Gren.Rgt.434* dell'*Oberst* Naber sbarcato a Maciejow, il *I./SS-Pz.Rgt.5* fu avvisato che un convoglio con a bordo ventidue *Panzer IV* stava per arrivare proveniente dal deposito di Magdeburg-Königsborn. Come già riferito in precedenza, l'*SS-Ostuf*. Heinrich Brand, comandante della *1.Panzerkompanie*, fu incaricato di andare a recuperarli con 23 equipaggi, in particolare un ufficiale, 46 sottufficiali e 72 soldati[17]. Il 23 marzo, appena sbarcata, la *131.Infanterie-Division* iniziò a costituire una linea di fronte continua e ad assicurare il rifornimento del *Kampfgruppe Wiking*. Subito dopo passò all'attacco con l'appoggio della *StuG-Brigade 190* e del *III./Germania*, che riuscì a conquistare la posizione di Stare Koszary.

Un cannone semovente *'Hummel'* nel settore di Kowel, 1944.

I nuovi *Panther* destinati alla divisione *Wiking*, 1944.

La protezione della linea ferroviaria fu affidata all'*SS-Pz.Art.Rgt.5* (ad eccezione del *II.Abteilung*) da Luboml a Skiby-Maszow, al *I./Germania* e al *II./SS-Pz.Art.Rgt.5*, da Skiby-Maszow a Ruda e infine al reggimento *'Westland'*, all'*SS-Pz.Pi.Btl.5* e all'*SS-Pz.Aufkl.Abt.5*, da Ruda a Tubali.

La riorganizzazione del II./SS-Pz.Rgt.5

Lo stato maggiore dell'*SS-Pz.Rgt.5* ed il *II./SS-Pz.Rgt.5* sbarcarono il 24 marzo a Chelm. Lo stato maggiore dell'*SS-Pz.Rgt.5* era stato costituito nel corso della primavera del 1943 al campo di Grafenwöhr, a partire dallo stato maggiore dell'*SS-Panzer-Abteilung 5*. Trasferito in Croazia nell'agosto 1943 con il *III.(germanisches)SS-Panzerkorps*, aveva alle sue dipendenze il *II./SS-Pz.Rgt.5*, l'*SS-StuG.Abt.5* e il *III.(gep.)/Germania* ed era stato designato come *Stab Mühlenkamp*. Nel marzo 1944, la sua struttura di comando era la seguente:

Festung Kowel

SS-Stubaf. **Rudolf Mühlenkamp.**

Kdr.: *SS-Ostubaf.* Mühlenkamp[18]
Adjutant: *SS-Hstuf.* Hans Flügel[19]
Ord.Offz.: *SS-Ostuf.* Josef Martin
Nachr.Offz.: *SS-Ostuf.* Dietrich Merrem
IVa: *SS-Hstuf.* Karl-Heinz Hagen
TFK: *SS-Hstuf.* Franz Sobota
Stabs-Kp.: *SS-Ostuf.* Enno Freis
Pionier-Kp.: *SS-Ostuf.* Franz Sievers
Werkstatt-Kp.: *SS-Ostuf.* Paul Schlüter

Questo stato maggiore reggimentale, controllava quindi un solo battaglione, il *II./SS-Pz.Rgt.5*, passato agli ordini dell'*SS-Ostubaf.* Otto Paetsch[20], un veterano della *Wiking*. Il *II./SS-Pz.Rgt.5* era stato formato al campo di Altneuhaus, la parte meridionale del campo di Grafenwöhr, nella primavera del 1943, sotto la guida dell'*SS-Stubaf.* Siegfried Scheibe. Alla fine di maggio di quello stesso anno, i suoi effettivi erano al completo. La specializzazione del personale non formato proseguì allora in seno al *I./SS-Pz.Rgt.5*, la sua unità madre. La maggior parte delle reclute era costituita da Tedeschi del *Reich* ma c'erano anche dei *Volksdeutsche* della Transilvania, così come degli Olandesi, Fiamminghi, Danesi e Norvegesi.

Panther del II./SS-Pz.Rgt.5 durante il viaggio su treno verso il fronte dell'Est.

L'istruzione si svolse su dei vecchi *Panzer III* e *Panzer IV*. Durante l'estate, una compagnia d'istruzione per sottufficiali venne formata sotto la direzione dell'*SS-Obersturmführer* Karl

Festung Kowel

SS-Ustuf. Karl Nicolussi-Leck.

L'*SS-Gruf.* Gille a Kowel, marzo 1944.

Nicolussi-Leck[21]. Quest'ultimo basava il suo insegnamento sulla sua esperienza in combattimento e sugli aspetti tecnici dei *Panzer*: secondo lui, l'istruzione teorica non valeva quanto l'esperienza acquisita in combattimento, mentre la conoscenza delle caratteristiche meccaniche dei componenti dei carri da parte degli equipaggi doveva ridurre i rischi di guasti. Nel mese di agosto, il *II./SS-Pz.Rgt.5* fu trasferito su treno verso Karlovac, in Croazia, tranne la seconda compagnia d'istruzione per i suoi sottufficiali che rimase ad Altneuhaus con l'*SS-Hstuf.* Ewald Klapdor, comandante della *5.Panzerkompanie*, l'*SS-Ustuf.* Hans Wilde e gli *SS-Oscha.* Schicker e Weissschuh, come istruttori. Questa compagnia si unì al resto del battaglione verso la metà di ottobre. Quest'ultimo, proseguì la sua istruzione, impegnandosi nello stesso tempo in missioni di sicurezza, in particolare la scorta di convogli di soldati italiani che erano stati disarmati dopo l'armistizio dell'8 settembre 1943. Ma questa istruzione riguardò solo i combattimenti di fanteria, tenendo conto della mancanza di terreni di manovra per i carri. Gli ufficiali crearono allora degli esercizi di simulazione di combattimenti di carri con delle *Schwimmwagen*. Il 13 dicembre, giunse un ordine di trasferimento del battaglione a Falaise in Normandia. Ma, il 21 dicembre, giunse un nuovo ordine per il trasferimento a Erlangen, dove l'unità doveva ricevere i suoi nuovi carri. E così, nel mese di gennaio 1944, trenta *Panther* furono assegnati al *II./SS-Pz.Rgt.5* e l'istruzione poté iniziare. Il 24 gennaio, l'*SS-Hstuf.* Klapdor assunse il comando del battaglione. Due settimane più tardi, il *II./SS-Pz.Rgt.5* lasciò Erlangen per trasferirsi a Mailly-le-Camp, terreno di manovra situato tra Troyes e Châlons-sur-Marne, dove giunse l'8 febbraio. Questo immenso campo offriva migliori possibilità di esercizio di tiro e di manovra per i carri. L'istruzione fu completata il 18 marzo 1944. Il comando passò quindi nelle mani dell'*SS-Ostubaf.* Otto Paetsch. I *Panther* furono caricati su dei vagoni piattaforma e marciarono verso est, per una destinazione tenuta segreta. Il primo convoglio giunse alla stazione di Chelm il 24 marzo. Qui, il battaglione fu subordinato all'*Heeresgruppe Süd*. Altri 42 carri *Panther* giunsero il giorno dopo per completare la dotazione del battaglione.

La struttura di comando del *II./SS-Pz.Rgt.5* era in quel momento la seguente:

Kdr.: *SS-Ostubaf.* Otto Paetsch
Adjutant: *SS-Ostuf.* Kurt Förster
IVa: *SS-Ostuf.* Emil Paschke
IVb: *SS-Hstuf.* Dr. Rudolf Wiesenberger
TFK: *SS-Ostuf.* Walter Geib
TFW: *SS-Ostuf.* Herbert Müller
Stabs-Kp.: *SS-Hstuf.* Heinrich Hoffmeister
5.Kp.: *SS-Ostuf.* Karl-Heinz Lichte
6.Kp.: *SS-Hstuf.* Alois Reicher
7.Kp.: *SS-Ostuf.* Otto Schneider
8.Kp.: *SS-Ostuf.* Karl Nicolussi-Leck

Note

[1] Paul Kümmel, nato il 13 aprile 1911 a Norimberga, SS-Nr. 28 373. In precedenza aveva servito nella *4./LSSAH*, al comando della *8./Westland* e del *III./Germania*.

[2] Leopold Bauer, nato il 28 ottobre 1919 a Mittelfeld nei Sudeti, SS-Nr. 420 798. In precedenza aveva servito nella *4./Der Führer* e nella *3./SS-Kradsch.Btl. 'Das Reich'*.

[3] Hans-Georg Jessen, nato il 25 marzo 1918 a Heide, SS-Nr. 372 387. In precedenza aveva servito nella *15./SS-Inf.Rgt. 'Deutschland'* e poi al comando della *4./SS-Pz.Rgt.5*. Era stato decorato con la Croce Tedesca in Oro il 15 dicembre 1943.

[4] Heinrich Brand, nato l'11 ottobre 1916 a Spandau, SS-Nr. 313 052. In precedenza aveva servito nella *8./Sta. 'Germania'*, nella *12./Pol.Inf.Rgt.3*, nel *Begl.Btl.RFSS*, al comando della *4./SS-Pz.Ers.Abt.* e infine al comando della *1./SS-Pz.Rgt.5*.

[5] Willi Hein, nato il 26 aprile 1917 a Hohenwestedt, SS-Nr. 280 189. In precedenza aveva servito nell'*SS-Inf.Rgt. 'Nordland'* e dopo aver frequentato la *SS-Junkerschule* di Bad Tölz, passò alle truppe corazzate della *Waffen-SS*.

[6] Kurt Schumacher, nato l'8 marzo 1923 ad Hannover, SS-Nr. 359 922. Entro nelle SS il 24 novembre 1939, servendo inizialmente nell'*SS-ArtillerieErsatz-Abteilung*. Dal 1° novembre 1941, seguì il corso ufficiali presso la *SS-Junkerschule* di Bad Tölz, dopodiché fu assegnato alla *Wiking*, servendo nella *3./SS-Pz.Rgt.5*. Il 20 dicembre 1943, era stato decorato con la Croce Tedesca in Oro.

[7] Herbert Otto Gille nacque l'8 marzo 1897 a Bad Gandersheim am Harz. Fu avviato fin da giovane alla carriera militare, frequentando il colleggio militare di Bensbergen vicino Colonia dove entrò nel 1911. Nella primavera del 1914, fu trasferito al famoso colleggio militare di Gross Lichterfeld a Berlino, che divenne in seguito un importante campo di addestramento per i futuri membri della *Waffen SS*. Durante la Prima Guerra Mondiale, con il grado di tenente di artiglieria, fu decorato con entrambe le classi della Croce di Ferro. Finita la guerra, nel marzo del 1919 si congedò lavorando per i successivi 15 anni nel campo dell'agricoltura, nella gestione di diverse aziende. Il 7 maggio 1931, si iscrisse all'NSDAP (tessera numero 537 337) ed il 10 ottobre 1931, entrò nelle SS (numero 39 854). Il 20 maggio 1934, entrò si arruolò nelle *SS-Verfügungstruppe* ricevendo il grado di *SS-Obersturmführer* ed ottenendo il comando di un plotone. Passò poi al comando della *12./Sta. 'Deutschland'* per poi essere trasferito

SS-Ostubaf. Otto Paetsch.

SS-Ostubaf. Manfred Schönfelder.

Festung Kowel

all'*Art.Rgt. 'SS-VT'*. Durante la Campagna di Polonia e poi di Francia, Gille comandò il *I./SS-Artillerie-Regiment* della *SS-Verfügungs-Division*. Nel dicembre 1940, fu nominato comandante dell'*SS-Artillerie-Regiment* "Wiking", mantenendo questo incarico fino al maggio del 1943, quando promosso *Brigadeführer*, assunse il comando della stessa divisione. L'8 ottobre 1942, fu decorato con la Croce di Cavaliere come *SS-Oberführer* e comandante dell'*SS-Artillerie-Regiment 5*. Il 1° novembre 1943, fu decorato con le Fronde di Quercia come *SS-Brigadeführer* e *Generalmajor der Waffen-SS* e comandante della *SS-Panzer-Grenadier-Division 'Wiking'*.

(8) Manfred Schönfelder, nato il 18 marzo 1912 a Hellerau, SS-Nr. 59 781. In precedenza aveva servito nella *4./Sta. 'Deutschland'*, al comando della *12./Deutschland*, del *III./Germania* e dell'*SS-Pz.Gr.Rgt.10 'Westland'*. L'11 giugno 1942 fu decorato con la Croce Tedesca in Oro e il 23 febbraio 1944, con la Croce di Cavaliere.

(9) J. Mabire, "*La Panzerdivision Wiking*", pagina 245.

(10) J. Mabire, "*La Panzerdivision Wiking*", pagine 247-248.

(11) Joachim Richter, nato il 28 luglio 1896 a Magdeburgo, SS-Nr. 56 182. In precedenza aveva servito nell'*SS-Tot.Art.Rgt.* e al comando del *II./SS-Art.Rgt.5*. Era stato decorato con la Croce Tedesca in Oro il 17 novembre 1943, come *Regimentskommandeur* dell'*SS-Art.Rgt.5* e con la Croce di Cavaliere il 23 febbraio 1944.

SS-Stubaf. **Hans Bünning.**

(12) Hans Bünning, nato il 26 novembre 1912 a Kiel, SS-Nr. 59 382. In precedenza aveva servito al comando della *12./SS-Art.Rgt.2*, della *3./SS-Art.Rgt.5* e del *I./SS-Art.Rgt.5*. Era stato decorato con la Croce Tedesca in Oro l'8 dicembre 1942.

(13) Paul Massell, nato il 30 maggio 1910 a Stolp in Pomerania, SS-Nr. 261 914. Promosso *Untersturmführer* il 10 marzo 1935, *Obersturmführer* il 20 aprile 1936. Durante la campagna di Polonia nel 1939, fu al comando della *7./Sta. Deutschland*. Il 30 gennaio 1942, fu promosso *Sturmbannführer* e nel marzo dello stesso anno assunse il comando del *Begleit Bataillon "RF-SS"*. Nel novembre 1942, passò al comando del *I./SS-Inf. Rgt. 8*. Il 9 novembre 1943, fu promosso *Obersturmbannfuhrer*. In quello stesso mese, passò al comando dell'*SS-Stug. Abt. 5* e successivamente dell'*SS-Flak-Abt.5*. Nel 1944, passò al comando dell'*SS-Pz. Gren. Rgt. 10 'Westland'*.

(14) Franz Hack, nato il 3 febbraio 1915 a Mannheim, SS-Nr. 227 129. In precedenza aveva servito nella *Sta. 'Germania'*, nella *Standarte 'Der Führer'*, al comando della *4./Germania'* e infine del *III./Germania'*.

(15) *Bundesarchiv-Militärchiv. RH 10. Verb.Offz.d.Waffen-SS beim GenStdH./Org.Abt. Tgb.Nr. 291/44 g.Kdos.*

(16) *Bundesarchiv-Militärchiv. RH 24-42/114. Befehl vom 19.3.44.*

(17) KTB I./SS-Pz.Rgt.5 v.22.3.1944.

(18) Johannes Rudolf Mühlenkamp, nato il 9 ottobre 1910 a Metz, SS-Nr. 86 065. In precedenza aveva servito nel *I./Sta. 'Germania'*, al comando della *15./Sta. 'Germania'*, dell'*SS-Aufkl.-Abt. 'Wiking'* e infine dell'*SS-Pz.Abt.5*. Era stato decorato con la Croce Tedesca in oro il 2 gennaio 1942 e con la Croce di Cavaliere, il 3 settembre 1942.

(19) Hans Flügel, nato il 13 febbraio 1919 ad Arzberg, SS-Nr. 287 016. In precedenza aveva servito nella *8./'Deutschland'*, come aiutante dell'*SS-Aufkl.-Abt.2* e al comando della *2./SS-Pz.Abt. 'Wiking'*. Era stato decorato con la Croce Tedesca in Oro, il 13 dicembre 1942.

(20) Otto Paetsch, nato il 3 agosto 1909 a Rheinhausen, SS-Nr. 6 143. In precedenza aveva servito al comando della *3./SS-'N'*, della *3./Pz.Jg.Abt. 'SS-VT'*, dell'*SS-Aufkl.-Abt. 'Wiking'* e del *II./SS-Pz.Rgt.11*. Era stato decorato con la Croce Tedesca in Oro il 16 marzo 1943.

(21) Karl Nicolussi-Leck, nato il 14 marzo 1917 a Vadena (Pfatten), vicino Bolzano nel Sud-Tirolo, SS-Nr. 423 876. Frequentò le scuole primarie e secondarie prima a Caldaro (Kaltern) e poi a Bolzano, dove il 28 luglio 1936 superò l'esame di maturità al liceo. Fu attivamente impegnato nella creazione dell'organizzazione nazionalsocialista sudtirolese, *Völkischer Kampfring Südtirols* (Circolo combattente popolare del Sud-Tirolo), fondata nel 1933 da Peter Hofer, che sosteneva l'annessione dell'Alto Adige alla Germania. Il 10 ottobre 1939 iniziò all'Università di Padova un corso di laurea in materie giuridico economiche, che tuttavia interruppe per arruolarsi volontario nel gennaio

Festung Kowel

1940 nelle *Waffen-SS*. Il 10 aprile 1940, entrò a far parte della *SS-Standarte 'Deutschland'* e dopo aver superato il suo addestramento di base, fu promosso al grado di *Rottenführer*.

L'edificio dove si insediò il quartier generale della *Wiking* a Kowel, 1944.

Periferia di Kowel, marzo 1944.

Prese parte alla campagna nei Balcani nell'aprile 1941, come *SS-Scharführer*, sempre inquadrato nel reggimento *'Deutschland'*, restando ferito nel corso dei combattimenti. All'inizio dell'operazione Barbarossa, Nicolussi-Leck fu trasferito al reggimento *Der Führer*, distinguendosi nei combattimenti davanti a Mosca e restando nuovamente ferito. Grazie alla raccomandazione dei suoi superiori, il 1° novembre 1941, fu ammesso alla *SS-Junkerschule* di Bad Tölz, per frequentare il corso per diventare ufficiale. Il 30 gennaio 1942, terminò il corso e il 20 aprile dello stesso anno fu promosso al grado di *SS-Untersturmführer* e con questo grado fu trasferito alla divisione SS *Wiking*, in particolare al suo nuovo battaglione corazzato, come comandante di plotone nella 2ª compagnia, dopo aver seguito ben due corsi per acquisire le dovute conoscenze richieste per comandare un reparto corazzato. Durante la campagna del Caucaso nel 1942, si distinse particolarmente nei combattimenti e durante l'attacco alla collina 701 nel settore di Malgobeck, rimase gravemente ferito. Trasferito in Germania per le dovute cure, la sua convalescenza durò circa sei mesi.

Cap. II) La difficile avanzata verso Kowel

Il 23 marzo 1944, la *131.Infanterie-Division* ed il *Kampfgruppe Wiking*, aggregato ad essa, furono impegnati ad attaccare le posizioni di Hodowicze e Milanowicze, impegnandosi in duri combattimenti. Nel corso della notte, i reparti tedeschi attaccarono con successo anche la posizione di Nowe Koszary. A questo punto, le basi di partenza per l'operazione di rilievo erano state acquisite.

Sbarco dei carri *Panther* alla stazione di Chelm, il 24 marzo 1944.

Un gruppo d'assalto tedesco.

Il 24 marzo, mentre l'*SS-Pz.Rgt.5* giungeva a Chelm, il *Kampfgruppe 'Wiking'* continuò ad appoggiare l'avanzata della *131.Infanterie-Division* in direzione di Kowel. Il *III./Germania* invece non riuscì a muovere da Stare Koszary, a causa della forte resistenza dei Sovietici. Il *Gren.Rgt.434*, nel corso del suo attacco contro Czerkasy subì pesanti perdite. I Sovietici avevano stabilito un forte sbarramento difensivo ad ovest di Kowel, facilitati anche dal fatto che i reparti tedeschi potevano avanzare solo lungo la linea ferroviaria Lublino-Kowel. In zona c'erano cinque reggimenti di fucilieri e due reggimenti corazzati sovietici. L'unico successo in quella giornata, fu la conquista dell'altura situata a nord di Ruda, da parte dei granatieri del reggimento *'Westland'*.

Festung Kowel

Un granatiere SS su una postazione difensiva.

Granatieri tedeschi a Milanowicze, 1944.

Soldati tedeschi durante un attacco, 1944.

Questa collina non era difesa da truppe regolari sovietiche, ma da partigiani. A Milanowicze, i combattimenti infuriarono per tutta la giornata e la posizione cambiò di mano parecchie volte. Il 25 marzo, la posizione di Milanowicze, difesa dai reparti della *131.Inf.Div.*, venne rinforzata dai granatieri del *III./Germania*, che furono subito impegnati contro le alture situate a sud di Stare Koszary. Nel corso della giornata iniziarono ad arrivare nuovi rinforzi: l'*SS-Pz.Aufkl.Abt.5* dell'*SS-Ostuf.* Heinrich Debus[1], che prese posizione tra Krasnoduby e Perewisy, mentre il *II./Westland*, agli ordini dell'*SS-Hstuf.* Walter Schmidt[2] attaccò e riconquistò la parte sud-orientale di Milanowicze. Fin dal 24 marzo, i granatieri di Schmidt erano arrivati a nord-ovest della borgata di Milanowicze, dove finirono sotto un violento fuoco di sbarramento scatenato dai difensori sovietici. I comandanti di compagnia fecero mettere i loro uomini al riparo e furono messe in posizione le mitragliatrici pesanti per rispondere al fuoco nemico. I sovietici si erano ben trincerati: Walter Schmidt guidò un rapido assalto. Soldati tedeschi, olandesi e fiamminghi avanzarono sotto il fuoco nemico, tra la neve sciolta e il fango. Gli uomini, appesantiti dalle uniformi invernali, facevano qualche passo, poi ricadevano a terra per rispondere al fuoco nemico, per poi rialzarsi e ripartire all'assalto. Dietro di loro, le mitragliatrici pesanti, al riparo di alcune pieghe del terreno, continuarono a tirare raffiche secche e precise. L'*SS-Hstuf.* Schmidt riuscì quindi a conquistare le prime case di Milanowicze, nella parte settentrionale del villaggio. Nello stesso tempo, il resto del *Kampfgruppe Wiking* e la 19ª divisione leggera ungherese furono impegnati ad assicurare la protezione delle retrovie e del settore lungo la linea ferroviaria. Il 26 marzo, i soldati della *131.Infanterie-Division* proseguirono i loro attacchi in direzione di Kowel, muovendo dal villaggio di Stare Koszary verso sud-est ed in seguito da Nowe Koszary, verso nord-est.

Granatieri tedeschi penetrano in un villaggio.

SS-Ostuf. Heinrich Debus.

SS-Hstuf. Walter Schmidt.

Ma di fronte ad un nemico che si stava rinforzando costantemente, i fanti dell'esercito continuarono a subire pesanti perdite, restando bloccati totalmente. I sovietici difesero strenuamente il villaggio di Czerkasy dagli attacchi tedeschi, ai quali parteciparono anche elementi del *'Germania'* giunti di rinforzo. Altri attacchi furono portati contro la posizione di Masloviec, anch'essa fortemente difesa dai sovietici. Il *III./Germania* dell'*SS-Stubaf*. Hack era sempre alle sue dipendenze e doveva conquistare il settore ad est di Stare Koszary. L'attacco fu lanciato nel corso della mattinata, ma dalle alture che occupavano, i Sovietici inflissero pesanti perdite agli attaccanti. Il comandante della *12.(s)Kp./Germania*, l'*SS-Ostuf*. Friedrich Hannes[3], giunse allora per fornire il suo appoggio alla compagnia di testa, con i suoi sei cannoni *Flak* da 20mm e un plotone di cannoni di fanteria, montati su veicoli semicingolati. La dislocazione dei suoi reparti avvenne sotto il fuoco nemico. Correndo di pezzo in pezzo, Hannes diresse i tiri dei suoi cannoni e distrusse così numerosi nidi di mitragliatrici del nemico. Questo permise ai granatieri di subire meno perdite, ma dopo due ore di combattimenti, un pezzo andò perduto e Hannes rimase leggermente ferito. Il *III./Germania* ripiegò allora e i contrattacchi sovietici lo costrinsero a ritirarsi ad un chilometro a sud-est dalla precedente linea del fronte. A Milanowicze, la situazione continuò a restare incerta: per tutta la giornata del 27 marzo, il villaggio fu continuamente attaccato dai sovietici, che volevano a tutti i costi sbarrare la strada per Kowel. Il *II./Westland* fu aggregato al *Gren.Rgt.431* e fu impegnato in duri combattimenti per le strade. L'*SS-Pz.Aufkl.Abt.5*, che aveva preso posizione su entrambi i lati di Perewisy, fu attaccato da nord-ovest, mentre il *I./Westland* dell'*SS-Hstuf.* Günther Sitter[4], fu attaccato da nord-est nei pressi di Paryduby. Gli assalti sovietici furono respinti dopo duri combattimenti e a costo di pesanti perdite.

Un gruppo di granatieri della *Wiking* al riparo dal fuoco nemico.

L'arrivo dei reparti corazzati

SS-Hstuf. Günther Sitter.

Nel frattempo a Chelm, l'imbarco dei carri dell'*SS-Pz.Rgt.5* verso Maciejow proseguì lenta. L'ordine di partenza del primo convoglio fu dato solo alle 00:30 del 27 marzo: quest'ultimo trasportava la *8.Kp./SS-Pz.Rgt.5* (comprendente 16 *Panther*) dell'*SS-Ostuf.* Karl Nicolussi-Leck, accompagnato dall'*SS-Ostubaf.* Mühlenkamp e l'*SS-Ostuf.* Josef Martin. Il convoglio giunse a Maciejow alle 3:30. Il collegamento fu stabilito con l'*SS-Staf.* Richter e il generale Weber alle 6:30. La giornata iniziò con dei violenti attacchi sovietici ancora contro il villaggio di Milanowicze, respinti con grande sacrificio dai reparti tedeschi. Nel frattempo, presso il quartier generale della *131.Inf.Div.*, fu stabilito il nuovo piano d'attacco con l'appoggio dei reparti corazzati: ricognizione del terreno in direzione di Targowicze tra le 9:00 e le 13:00, poi attacco in direzione di Targowiszcze, simulando un altro attacco corazzato verso sud-ovest

in direzione di Kowel. Alle 13:30, la *8.Kp./SS-Pz.Rgt.5* passò all'attacco. Sulla sua destra, c'era il battaglione di Hack con i suoi semicingolati ed una decina di cannoni d'assalto e sulla sua sinistra, c'erano i reparti dell'esercito, appoggiati anch'essi da alcuni cannoni d'assalto. Le tre compagnie sovietiche che si trovavano in posizione difensiva a 300 metri a nord di Targowiszcze, ripiegarono in direzione del villaggio.

Quando il *Kampfgruppe Wiking* lanciò il suo attacco ad ovest di Kowel, tutta le regione era ancora ricoperta di neve. Proprio la neve, nascose agli equipaggi dei carri le zone paludose e molti mezzi finirono per restare bloccati. Nella foto si vede un RSO della *8./SS-Pz.Rgt.5* in panne lungo la linea ferroviaria Lublino-Kowel (*Collezione Charles Trang*).

Un *Panther* in marcia verso Kowel, 1944.

Il successivo intervento dell'artiglieria li costrinse a ritirarsi definitivamente verso sud-ovest. Verso le 18:00, ritornando sulle loro posizioni di partenza, due carri *Panther* restarono bloccati nel fango e dovettero essere usati dei trattori per recuperarli. Nel frattempo a Milanowicze, i combattimenti erano ripresi: il *II./Westland* aveva respinto una nuova serie di attacchi sovietici, nel corso dei quali, l'*SS-Ostuf*. Kurt Zielske, comandante della *13.(IG)Kp./Westland* e l'*SS-Ustuf*. Eduard Kirschbaum, comandante di plotone, restarono gravemente feriti. I Sovietici avevano tentato di aggirare le posizioni del *II./Westland*, ma erano finiti contro il plotone pionieri della *5.Kp./Westland* agli ordini dell'*SS-Oscha*. Josef Neswadba, che difendeva il fianco destro del battaglione. I pionieri SS li respinsero infliggendo loro pesanti perdite. Si combatté ugualmente intorno alle posizioni di Perewisy e Krasnoduby, dove l'*SS-Ostuf*. Karl Jira, comandante della *1.Kp./SS-Pz.Aufkl.Abt.5*, era rimasto ferito. I combattimenti più violenti si registrarono a nord di Paryduby, dove il *I./Westland*, rinforzato dagli elementi del *Feldersatz-Btl.131*, aveva respinto i sovietici verso la foresta situata più a nord. Nel settore di Stare Koszary, il *III./Germania* subì un massiccio attacco sovietico.

Attacco della *8./SS-Pz.Rgt.5* lungo la linea ferroviaria che portava a Kowel. Al seguito dei *Panther* anche i granatieri della divisione.

Il plotone dell'*SS-Ustuf*. Gerhard Mahn[5] della *11.Kp./Germania*, fu sul punto di essere travolto, dopo essere stato attaccato da tre carri e duecento fanti sovietici. L'unità era costituita da giovani reclute senza una grande esperienza in combattimento. Gerhard Mahn passò allora di buca in buca per dare coraggio ai suoi uomini e risollevare il loro morale. Riuscì in questo modo a mantenere unito il suo plotone: dopo aver lasciato che i carri nemici superassero la sua posizione, lanciò i suoi uomini all'assalto contro la fanteria sovietica, annientandola completamente. I carri furono distrutti successivamente a distanza ravvicinata[6]. Alle 21:20, dopo aver respinto tutti gli attacchi sovietici, il *III./'Germania'* riferì al comando della divisione che il numero dei suoi combattenti effettivi era sceso a soli 320 uomini. Il 28 marzo, incoraggiato dal suo successo difensivo del giorno prima, il *I./Westland* passò all'attacco contro la foresta situata a due chilometri a sud-est della quota 197,8. Gli uomini di Günther Sitter progredirono, malgrado la forte resistenza nemica e raggiunsero finalmente la linea 'Z', che andava da Oczeretienki fino all'area distante circa 1,5 Km a nord di Perewisy.

SS-Ustuf. Gerhard Mahn.

Una postazione difensiva della *Wiking* con una *MG-42*.

Granatieri della *Wiking* attestati in posizione difensiva.

Ma non riuscirono a proseguire oltre, bloccati da un contrattacco dei Sovietici lanciato dalla quota 197,8. Per tentare di migliorare le sue posizioni, il *I./Westland* ripartì all'attacco e riuscì a raggiungere il Kolkhoz di Paryduby. Nel settore di Milanowicze, la situazione del *II./Westland* migliorò nettamente con l'arrivo di alcuni *panzer* dell'*SS-Pz.Rgt.5*, che presero posizione ad ovest della località, coprendo così il fianco destro del battaglione dell'*SS-Hstuf.* Walter Schmidt. Alle 17:20, il *III./Germania* fu ancora una volta attaccato a sud-est di Stare Koszary da carri e fanteria sovietici. Nella serata fu colmata una breccia aperta grazie ad un contrattacco lanciato dall'*SS-Ustuf.* Joachim Barthel[7]. Prendendo sotto il suo comando una quarantina di uomini rimasti in riserva, Barthel riuscì ad annientare dopo furiosi scontri corpo a corpo, il raggruppamento nemico che era riuscito a penetrare le linee del *III./Germania*: all'alba, si contarono un centinaio di cadaveri nemici davanti alle posizioni SS.

Festung Kowel

Altre postazioni difensive della *Wiking* ad ovest di Kowel (MNZS).

Panther della *8./SS-Pz.Rgt.5* durante l'attacco lungo la linea ferroviaria che portava a Kowel.

Note

[1] Heinrich Debus, nato il 30 giugno 1921 a Eckelshausen, SS-Nr. 316 063. Servì inizialmente nell'*SS-Art.Rgt.* all'inizio della guerra, poi frequentò il corso ufficiali presso la *SS-Junkerschule* di Bad Tölz e fu assegnato alla *Wiking*, servendo sempre nel suo gruppo antiaereo. Fu decorato con la Croce Tedesca in Oro il 23 gennaio 1944.

Festung Kowel

SS-Untersturmführer **Gerhard Mahn**.

(2) Walter Schmidt, nato il 28 gennaio 1917 a Brema, SS-Nr. 311 100. Il 2 maggio 1935, si arruolò nella *SS-Standarte Germania*. Tra il 1937 ed il 1938, frequentò il corso per ufficiali presso la *SS-Junkerschule* di Bad Tölz e il 9 novembre 1938, fu promosso *SS-Untersturmführer*, servendo prima come *ZugFührer* nella *6./'Germania'*, poi nella *13./'Nordland'* ed infine come *Bataillon-Adjutant* del *II./Germania*. Nel gennaio del 1943 passò al comando del *II./Westland*. Fu decorato con la Croce Tedesca in Oro il 20 aprile 1943 e con la Croce di Cavaliere il 4 agosto 1943.

(3) Friedrich Hannes, nato il 27 agosto 1913 a Vienna, SS-Nr. 297 080. In precedenza aveva servito nel reggimento *Der Führer*.

(4) Günther Sitter, nato il 23 gennaio 1915 a Schildbeg nel Warthegau, SS-Nr. 310 407. In precedenza aveva servito nella *Sta. 'Germania'*, al comando della *1./Westland* e poi del *I./Westland*. Fu decorato con la Croce di Cavaliere il 12 settembre 1943.

(5) Gerhard Mahn, nato il 19 febbraio 1913 a Berlino, SS-Nr. 286 908. In precedenza aveva servito nella *9./Sta. 'Germania'* e nella *12./'Germania'*. Era stato già decorato nel novembre del 1943, con la Spilla per i combattimenti corpo a corpo in Argento.

(6) *Bundesarchiv-Lichterfelde. Personalakte Gerhard Mahn. Vorschlag für die Verleihung des Deutschen Kreuzes in Gold.*

(7) Joachim Barthel, nato il 21 febbraio 1923 a Schonau, SS-Nr. 383 807. In precedenza aveva servito come ufficiale di ordinanza nell'*SS-Pz.Gren.Rgt.9 'Germania'*.

Un granatiere tedesco supera alcuni *Sherman* sovietici distrutti a distanza ravvicinata nel settore di Kowel, marzo 1944.

L'*SS-Hstuf*. Schmidt con la Croce di Cavaliere.

Cap. III) L'attacco della 8.Kp./SS-Pz.Rgt.5

Alle 9:30 del 28 marzo, l'*SS-Ostubaf*. Mühlenkamp ordinò a Karl Nicolussi-Leck di portarsi a Tupaly con la sua *8.Kompanie* e una volta lì, attendere nuovi ordini. Alle 13:00 si incontrò con l'*SS-Staf*. Richter per esplorare il terreno nel settore. Poi prese contatto con l'*SS-Ostubaf*. Paul Massell, comandante dell'*SS-Pz.Gren.Rgt.10 'Westland'*. Fu allora deciso di porre alle sue dipendenze la *8.Kp./SS-Pz.Rgt.5*. Mentre si dirigeva a Tupaly, la compagnia perse uno dei suoi *Panther*, per problemi alla frizione.

SS-Ostubaf. Massell.

L'*SS-Gruf.* Gille nel suo quartier generale a Kowel, fine marzo 1944.

Prigionieri sovietici a Kowel, 1944.

A Kowel, la situazione intanto continuò a farsi critica. Durante una conversazione tra lo stato maggiore di Gille e quello della *131.Inf.Div.*, si apprese che le perdite della guarnigione erano salite a 164 caduti e 1.287 feriti, su un totale effettivi iniziale di circa 3.700 uomini. La *131.Inf.Div.* riferì all'*SS-Gruf.* Gille, che il giorno dopo avrebbe proseguito i suoi attacchi su Czerkasy, mentre una compagnia corazzata ed una compagnia di granatieri del *III./Germania*, avrebbero tentato di avanzare verso Kowel, passando per Moszczona.

L'azione di Nicolussi-Leck

Panther '835' della 8.Kp./SS-Pz.Rgt.5.

Il 29 marzo, alle 7:00, l'*SS-Ostubaf*. Mühlenkamp fu convocato dall'*SS-Staf*. Richter. Questi gli espose la situazione: da una conversazione avuta con l'*SS-Gruf*. Gille, si apprese che fosse urgente passare immediatamente all'attacco in direzione di Kowel, poiché la situazione degli assediati era ormai critica e senza speranza.

Il *Panther* '800' dell'*SS-Ostuf*. Nicolussi-Leck, accompagnato dai fanti della *131.Inf.Div.* durante la marcia in direzione di Kowel, marzo 1944.

Cannoni d'assalto e granatieri tedeschi avanzano insieme durante l'attacco verso Kowel, marzo 1944.

Mühlenkamp ordinò quindi alla *8.Kp./SS-Pz.Rgt.5* di prepararsi ad attaccare e poi si recò alle 9:00 al comando del *III./Germania*: l'ora per l'attacco venne fissata alle 11:00. Ascoltiamo la testimonianza dell'*SS-Ostuf.* Karl Nicolussi-Leck su questa operazione[1]: "*...Il 29 marzo 1944 alle 8:30, la compagnia fu subito messa in allerta. Il comandante del Grenadier Regiment 434, l'Oberst Naber, mi passò l'ordine di impiego: dovevo muovere alle 11:00 da Stare Koszary, per raggiungere Kowel passando per Czerkasy e Moszczona, avendo come fanteria di accompagnamento un reparto d'assalto (Stosstrupp) formato da trenta volontari. Nello stesso tempo, doveva essere lanciato un attacco frontale dalle unità che si trovavano davanti. Inoltre, una preparazione di artiglieria, effettuata da tutto un gruppo, era attesa sulle foreste situate a nord-est e a sud-est di Koszary, così come su Czerkasy e Moszczona. Mi recai subito al posto di comando del III./Germania, dove l'SS-Stubaf. Hack mi descrisse il terreno dove dovevo attaccare. Poiché il terreno su entrambi i lati del terrapieno ferroviario era molto paludoso, decisi, su consiglio di Franz Hack, di attaccare in primo luogo l'altopiano ed il bordo* della foresta situato ad un chilometro ad est di Stare Koszary, di penetrare lungo la strada della foresta in direzione di Kowel con tutto il battaglione 'Hack' dopo aver lasciato l'eliminazione dei pezzi anticarro al grosso dei panzer. L'SS-Stubaf. Dorr ed il comandante degli Sturmgeschütze, approvarono anch'essi questo piano. Quando l'SS-Ostubaf. Mühlenkamp giunse al posto di comando di Hack alle 10:30, venne definitivamente deciso che dovevo in primo luogo conquistare la posizione di Czerkasy, attaccando lungo la linea ferroviaria, per poi proseguire verso Kowel, passando per Moszczona dopo aver esplorato il terreno.

Il *Panther* '823' in marcia lungo la linea ferroviaria che portava a Kowel, per evitare il terreno paludoso, seguito dai fanti dell'esercito.

Un *Panther* supera un camion durante la marcia su Kowel.

Sul fianco destro, il battaglione 'Hack' e gli Sturmgeschütze dovevano conquistare l'altopiano e la foresta, mentre sulla sinistra, il battaglione 'Bolm' [del Gren.Rgt.434, ndT] doveva seguire l'assalto della compagnia corazzata con l'appoggio di sette Sturmgeschütze per coprire il fianco sinistro. A causa delle condizioni del terreno, decisi di raggiungere l'incrocio alla periferia sud-est di Stare Koszary, per passare in seguito all'attacco verso est, per penetrare le posizioni avanzate del nemico, poi girare verso nord per raggiungere la linea ferroviaria in un punto del terreno non paludoso e per attaccare le posizioni di arresto a destra della stessa linea ferroviaria e ad ovest della stessa Czerkasy. Attaccai verso mezzogiorno con sedici Panther e i trenta volontari del gruppo d'assalto, penetrai le posizioni avanzate del nemico sotto dei violenti tiri dell'artiglieria, di pezzi anticarro e dei mortai e raggiunsi come previsto, la linea ferroviaria con il *grosso dei* panzer. *Per evitare di finire annientata, la fanteria nemica abbandonò le sue posizioni per fuggire in direzione della foresta. Proseguendo l'attacco a destra della linea ferroviaria, cinque* panzer *restarono bloccati nel terreno paludoso. Essi ebbero per missione la copertura del fianco destro con i loro cannoni puntati contro la foresta. La nostra fanteria* [il III./Germania, ndT] *non era ancora apparsa. Attaccai con il resto dei* panzer *le posizioni situate a 600 metri ad ovest di Czerkasy e solidamente difese da 10-12 pezzi anticarro. Là, tre* panzer *furono messi fuori combattimento. L'appoggio di fuoco dell'artiglieria che era stato previsto, non si materializzò, l'osservatore avanzato al nostro seguito non era riuscito a stabilire il collegamento radio. Dopo aver neutralizzato la maggior parte dei pezzi anticarro, raggiunsi l'altura verso le 14:30 ed eliminai la fanteria che era restata sulle sue posizioni con l'aiuto del gruppo d'assalto. A causa delle violente burrasche di neve che riducevano la visibilità, restai sull'altura 45 minuti. Ripresi l'attacco verso Czerkasy alle 15:30, con l'intenzione di aggirare la località sulla destra.*

Granatieri tedeschi con una *MG-42* durante l'attacco, 1944.

Carrista della *Wiking*.

Postazione anticarro sovietica distrutta nel settore di Kowel.

Ma dopo aver perso altri tre panzer *immobilizzati dal fango, attraversai la linea ferroviaria a nord di Czerkasy per attaccare la posizioni dalla sinistra. I cannoni cessarono di tirare dopo un breve combattimento. Il bordo occidentale della località era in fiamme. La fanteria nemica, circa un migliaio di uomini, lasciò la località in direzione est e nord. Quattro* panzer *si lanciarono allora in ricognizione in direzione di Moszczona ma, dopo aver messo fuori combattimento cinque pezzi anticarro, due di essi restarono bloccati nel fango. Verso le 17:00, la fanteria del battaglione 'Bolm' giunse nei pressi dei miei elementi avanzati e chiese il nostro appoggio di fuoco per ripulire la località. Questa missione fu completata verso le 17:30 senza incontrare una resistenza significativa. Verso le 18:00, giunse il seguente messaggio radio: '...la compagnia deve restare a Czerkasy e assicurare il villaggio verso nord, est e sud-est'.*

Durante la marcia verso Kowel, i reparti tedeschi distrussero numerose postazioni anticarro sovietiche.

Un gruppo di granatieri tedeschi, appostati lungo il terrapieno ferroviario, marciano in direzione di Kowel.

Ordinai quindi ai panzer *ancora in grado di marciare di formare una linea di protezione verso nord e verso est e ai* panzer *bloccati a destra del terrapieno ferroviario, di assicurare l'accesso a sud. Al calar della notte, mi occupai di far rimorchiare i panzer bloccati nel fango. Nella località, furono recuperati due cannoni antiaerei, quattro cannoni di fanteria da 7,62 così come una gran quantità di mortai, fucili anticarro, armi di fanteria e dei veicoli. A sud della linea ferroviaria, alla luce dei razzi illuminanti, la fanteria si trovava ancora lontano verso ovest. La calma ritornò verso le 19:00. Feci quindi il seguente rapporto sulla situazione: '...l'obiettivo di Czerkasy che mi era stato assegnato dall'ultimo ordine per radio dal comandante del reggimento è stato raggiunto. Per il momento, ho sei* panzer *ancora operativi, tre o quattro* panzer *possono essere rimorchiati nel giro di tre o quattro ore. Non posso contare sul rifornimento di carburante e di munizioni con i* Maultiere *a causa del terreno paludoso. Sulla sinistra, la nostra fanteria mi aveva raggiunto sull'altura ed occupò Czerkasy. Sulla destra, essa si trovava ancora lontano, più indietro, se ci fidiamo dei razzi illuminanti. La ricognizione che avevo effettuato in direzione di Moszczona aveva mostrato che il proseguimento dell'avanzata verso Kowel era praticamente impossibile, sia per il terreno paludoso, sia per la forte difesa anticarro che era stata predisposta, cosa che suggeriva che il nemico ci aspettava in questa direzione. Anche ad est, il terreno era impraticabile, così come a sud del terrapieno della linea ferroviaria, fino al bordo della foresta. Dall'altra parte, dopo la distruzione della posizione anticarro ad ovest di Czerkasy che comprendeva sedici pezzi anticarro disposti su tre linee, il nemico non sembrava aver stabilito altre postazioni anticarro* più a sud o più ad est, ed i miei *panzer* bloccati non avevano subito tiri malgrado la portata favorevole. Era poco probabile che dei pezzi anticarro sarebbero stati dislocati nel corso della notte per bloccare la linea ferroviaria, a causa del terreno difficile. Inoltre, secondo la ricognizione che avevo effettuato, il nemico mi attendeva nella direzione di Moszczona dove le truppe di Czerkasy si erano ritirate. Così, il terrapieno della linea ferroviaria restava la sola via praticabile e la meno difesa, a condizione di percorrerla di notte.

Un cannone d'assalto seguito da granatieri tedeschi in marcia in mezzo ad una bufera di neve.

Un *Panther* bloccato dal terreno fangoso.

La situazione della guarnigione di Kowel, sulla quale ero stato informato per radio, era così critica che l'invio di armi pesanti era imperativo. Di conseguenza, mi rimisi in marcia verso le 22:00, per attaccare in direzione di Kowel lungo la linea ferroviaria. Questo voleva dire che rinunciai all'ultima missione che mi era stata assegnata, vale a dire la difesa di Czerkasy; in ogni caso, io agivo nello spirito del piano iniziale dell'attacco, raggiungere Kowel'.

"Verso le 22:00, il collegamento radio con il reggimento si interruppe e gli ordini di marcia per il giorno dopo furono dati. Nello stesso tempo, mi fecero sapere che non erano stati previsti dei movimenti per la mia compagnia per la giornata del 30 marzo 1944. Poiché il rimorchio dei panzer ritardava, avvisai la fanteria dell'Hauptmann Bolm che sarei passato all'attacco il giorno dopo verso le 4:00. Il 30 marzo, alle 3:00, avevo nove panzer ancora operativi a mia disposizione. Alle 4:00, raggiunsi con essi il terrapieno della linea ferroviaria in fila indiana. La fanteria dell'Hauptmann Bolm seguiva sulla sinistra del terrapieno, disponendosi in direzione della foresta, dietro ai panzer. A due chilometri ad est di Czerkasy, subimmo dei tiri da due carri che si trovavano nella foresta sulla destra del terrapieno. Dopo la distruzione di questi carri, due panzer furono immobilizzati dalle mine all'altezza della stazione di Czerkasy.

Festung Kowel

Uno dei *Panther* rimasti bloccati lungo la linea ferroviaria.

Un *Panther* della 8./SS-Pz.Rgt.5 in marcia verso Kowel.

La fanteria, che era rimasta indietro durante lo scambio di tiri con i carri nemici, formò una linea di sicurezza davanti ai panzer, che includeva la stazione così come il settore boscoso situato ad est e che includeva il deposito di munizioni sulla destra della linea ferroviaria. La resistenza nemica fu alquanto scarsa. Lo sbarramento di mine fu neutralizzato verso le 6:00 dai pionieri. Sempre alle 6:00, l'Hauptmann Bolm mi riferì che aveva ricevuto l'ordine di non proseguire oltre. Io gli risposi che non poteva restare là e ripartii immediatamente con il gruppo d'assalto i cui uomini erano montati sui panzer. Piazzai i due panzer immobilizzati dalle mine agli ordini dell'SS-Oscha. Faas e gli ordinai di preparare la riparazione continuando a difendere il punto di appoggio della stazione di Czerkasy per mantenere la linea ferroviaria libera per i panzer che dovevano seguire. Per questo, l'Hauptmann Bolm mise un gruppo di fanti a disposizione per la difesa ravvicinata dei due panzer. Quando la mia avanguardia corazzata giunse a circa due chilometri di Kowel, giunse per radio il seguente ordine: '...Ordine del comandante del battaglione, i panzer devono fermarsi!' Questo messaggio era stato trasmesso al comandante del panzer di coda da una staffetta dell'Hauptmann Bolm e poi trasferito a me per radio. Mentre il mio panzer in testa si stava già battendo contro la fanteria nemica e dei reparti di fucili anticarro che coprivano l'uscita nord-ovest della città, e un po' più tardi esplosero dei violenti scontri con 10-12 cannoni antiaerei e dell'artiglieria dalla linea Kowel-Moszczona, non potevo fermarmi e non presi dunque in considerazione il messaggio dell'Hauptmann Bolm. In ogni caso, io non ero subordinato a lui. Delle forti burrasche di neve eliminarono la minaccia sul fianco sinistro e, nello stesso tempo, le posizioni di sbarramento situate davanti alle posizioni avanzate dell'Hauptmann Strecker, furono penetrate. Il raggruppamento d'assalto si comportò là in maniera ammirevole. Non avevo in quel momento più alcun collegamento con la fanteria dell'Hauptmann Bolm. Il nodo ferroviario fu raggiunto alle 7:30 e fu stabilito il collegamento con l'Hauptmann Strecker. Dopo aver risposto ad una richiesta per eliminare delle forze nemiche che erano penetrate nella parte nord-occidentale della città, mi recai con sette panzer al quartier generale di Gille e mi presentai davanti a lui alle 8:15".

L'arrivo dei *Panther* di Nicolussi-Leck a Kowel risollevò il morale a tutti.

L'*SS-Gruf.* Gille a Kowel.

Verso le 8:00, Nicolussi-Leck giunse quindi di fronte al posto di comando dell'*SS-Gruf.* Gille al centro di Kowel: "...Gruppenführer, *voglio segnalarvi l'arrivo dell'ottava compagnia con sette panzer*". Gille strinse forte la mano all'ufficiale tirolese, replicando: "...*Grazie! Ci hai aiutato molto. Ora sono certo che ce la faremo*".

La Croce di Cavaliere per Nicolussi-Leck

Durante il suo 'colpo di mano', l'*SS-Ostuf.* Nicolussi-Leck, distrusse sedici pezzi anticarro, due cannoni antiaerei, tre carri *Sherman*, tra i trenta ed i quaranta fuciloni anticarro, numerosi mortai, altre armi di fanteria e veicoli.

L'*SS-Ostuf.* Nicolussi-Leck con la *Ritterkreuz.*

Carri *Sherman* sovietici distrutti ad ovest di Kowel.

Il *Panther* '813' per le strade di Kowel, marzo 1944.

Per questa azione, ricevette la Croce di Cavaliere il 9 aprile 1944 e fu menzionato nell'ordine del giorno del Reggimento: "*SS-Panzer-Regiment 5, Kowel, 15 aprile 1944, Ordine del giorno reggimentale: il Führer ha concesso all'*SS-Obersturmführer *Nicolussi-Leck, comandante della 8.Kompanie, la Croce di Cavaliere della Croce di Ferro. L'*SS-Obersturmführer *Nicolussi-Leck, di sua iniziativa e superando difficili condizioni, è riuscito ad entrare nella città assediata di Kowel il 30 marzo 1944. Il suo rinforzo alla guarnigione è stato decisivo. Egli ha partecipato attivamente alla difesa della città contro i ripetuti assalti nemici. Il Reggimento è onorato di questo riconoscimento per uno dei suoi membri veterani. Possano le fortune della guerra continuare a sorridere all'*SS-Ostuf. *Nicolussi-Leck*".

Testo della raccomandazione scritto dall'*SS-Ostubaf.* Mühlenkamp per la concessione della Croce di Cavaliere all'*SS-Ostuf.* Nicolussi-Leck: "*Il 29 marzo 1944, l'*SS-Ostuf. *Nicolussi-Leck, come comandante della 8./SS-Pz.Rgt. 'Wiking', con la sua compagnia di Panther, nonostante le condizioni proibitive del terreno, ha attaccato le posizioni del nemico, occupandone un grosso settore a 8 chilometri ad ovest di Kowel, distruggendo numerosi cannoni e portandosi fino a Czerkasy. Il 30 marzo 1944, verso le ore 4:15, Nicolussi-Leck di propria iniziativa, muovendo da Czerkasy, si è inoltrato lungo l'unica strada percorribile, il tratto di ferrovia Maciejow–Kowel, con 7 Panther in direzione di Kowel, affrontando in combattimento i carri armati del nemico. In questo modo ha portato un rinforzo decisivo ai reparti presenti a Kowel, anticipando, in quella stessa giornata,* *l'attacco nel settore di 17 carri armati del nemico*". La proposta fu appoggiata dall'*SS-Staf.* Richter: "...*L'*SS-Obersturmführer *Nicolussi-Leck, nell'avanzare di propria iniziativa con i suoi 7 Panther, ha strappato terreno prezioso al nemico rinforzando contemporaneamente le forze da combattimento presenti nel settore di Kowel. Nell'avanzata si è distinto per il suo esemplare valore personale*".

Nicolussi-Leck con alcuni membri del suo equipaggio davanti al suo *Panther*.

L'*SS-Oscha*. Karl Jauss a bordo del suo *Panther*.

E dallo stesso *SS-Gruf.* Gille: "*La solida forza di combattimento degli uomini presenti a Kowel, circondati già da 3 settimane, è stata rinforzata in modo decisivo dall'ardita avanzata indipendente, coronata da successo, dell'*SS-Ostuf. *Nicolussi Leck*".

Testimonianza di Karl Jauss

L'arrivo dei sette carri *Panther* a Kowel risollevò il morale della guarnigione, avendo a disposizione una potenza di fuoco decisiva. Questo successo era stato dovuto grazie allo spirito d'iniziativa dell'*SS-Ostuf.* Karl Nicolussi-Leck, ma anche allo spirito combattivo dei suoi uomini.

Festung Kowel

L'*SS-Ostuf.* **Nicolussi-Leck.**

Ascoltiamo a tal scopo, la testimonianza di uno dei suoi comandanti di plotone, l'*SS-Oscha*. Karl Jauss[(2)]: "...*Nove panzer di tipo Panther, ciascuno pesante più di quaranta tonnellate, mossi da un motore di 700 cavalli, armati con un cannone da 75 lungo, si misero in movimento come dei colossi d'acciaio. La velocità fu lentamente portata a 10 Km/h. L'intervallo tra due panzer andava dai venti ai trenta metri. Sotto i cingoli, le traversine davano ai panzer un ritmo convulso. I comandanti si tenevano fuori dalle torrette. Le loro figure si delineavano leggermente nel cielo del mattino. La compagnia di fanteria che ci accompagnava suo malgrado dovette seguirci. I fanti non volevano salire sui veicoli. Dopo alcuni chilometri, i panzer iniziarono a tirare dal bordo della foresta che si trovava a circa 600 metri, proiettando della zavorra sul retro del carro che marciava davanti a me. Mentre noi sorvegliavamo la nostra destra, il puntatore aveva già regolato la sua mira continuando a marciare, il panzer si fermò e, qualche istante dopo, un carro bruciava sul bordo della foresta, poi subito dopo, tutti i panzer che coprivano la destra, aprirono il fuoco, prima che quest'ultimo avesse potuto tirare una seconda volta. Riprendemmo la marcia. La stessa cosa accadde dopo cento metri....Di nuovo, un carro bruciò, colpito da numerosi proiettili perforanti. A partire da lì, non si poteva andare più lontano senza copertura.*

Un *Panther* della *Wiking* danneggiato ai cingoli.

Festung Kowel

I primi quattro panzer *avanzarono per trecento metri. Noi, del terzo plotone, assicurammo la protezione prima di ripartire. La tensione diventò palpabile. La casa di un casellante apparve ad un chilometro di distanza. Là, la foresta arrivava quasi al terrapieno ferroviario.*

Alcuni fotogrammi tratti da un cinegiornale dell'epoca sulla liberazione di Kowel.

Altri due fotogrammi dello stesso cinegiornale.

Una strada attraversava la linea ferroviaria in quel punto. La nostra mitragliatrice in torretta tirò lungo il bordo della foresta. Ci aspettavamo che i Sovietici rispondessero al fuoco. Ma non ci fecero questo favore. Poi improvvisamente, un'enorme esplosione. Il panzer *di testa fu avvolto da un fumo giallo zolfo, della zavorra ricadde crepitando in un largo cerchio. Una mina aveva danneggiato il suo cingolo destro. Tutto si fermò. Le torrette girarono i loro cannoni come delle gigantesche dita, in direzione del bordo della foresta. I puntatori guardavano ogni movimento attraverso le loro ottiche. Faas, Schell ed io stesso, uscimmo per andare a verificare i danni. La squadra di riparazione avrebbe potuto risolvere i guasti sul posto, ma qui, in prossimità del nemico, non si poteva fare, dovevamo continuare. Non si poteva dare al nemico il tempo per prendere delle contromisure. Passando davanti al* panzer *del comandante, ricevetti dall'SS-Ostuf. Karl Nicolussi-Leck, l'ordine di prendere la testa della colonna. Mentre ritornavo verso il mio veicolo, informai della cosa il mio pilota Ufken che era fuori alla sua botola. Nel frattempo, Hug era ripartito e, mentre superava il* panzer *danneggiato per riprendere la sua posizione, ci fu una nuova detonazione e anche lui restò immobilizzato con un cingolo rotto. Ivan aveva avuto il tempo di posizionare delle mine sotto le traversine......A causa di questo arresto forzato, la fanteria ci raggiunse, ristabilendo un cordone di sicurezza davanti a noi. Furono chiamati i pionieri. Scheel era sceso dal suo* panzer. *Trovò un impiegato polacco delle ferrovie nell'edificio della stazione e lo condusse verso la zona dove erano le mine. Questi non comprendeva naturalmente il tedesco. Scheel gli fece sapere che non gli credeva. Nel giro di una decina di minuti, l'uomo finì per indicare dove si trovavano le mine,* egli comprendeva molto bene il tedesco e sapeva anche scriverlo. Ricevetti di nuovo l'ordine di prendere la testa.

Il *Panther* 'II 02' del *II./SS-Pz.Rgt.5*, **marzo 1944.**

***Panther* della *Wiking* impegnati in combattimento.**

Al mio 'Panzer marsch', tutto si svolse perfettamente. Poiché i panzer danneggiati dalle mine bloccavano completamente la strada, fu necessario impartire delle indicazioni manuali. I comandanti dei carri danneggiati se ne incaricarono. Ci mettemmo in marcia tranquillamente mentre quelli che sarebbero arrivati dopo avrebbero sicuramente incontrato maggiori difficoltà. Una volta passati tutti, marciammo più velocemente in avanti. A partire dalla casa del casellante, circondata da palizzate, la foresta arrivava fino al terrapieno della linea ferroviaria. Il settore boscoso di sinistra non era molto profondo. Durante il passaggio nella foresta, tirammo continuamente con le nostre mitragliatrici sulle torrette. Dopo aver percorso circa 400 metri, giungemmo su un terreno aperto, leggermente in salita. Ufken si fermò improvvisamente e gridò forte: 'Fucili anticarro a venti metri davanti a noi! In piedi nella torretta, lo vidi nello stesso momento. Volevo risparmiare questo ragazzo coraggioso e gli feci comprendere con un segno di uscire dalla sua buca tra le rotaie. Rindsland lo aveva nel frattempo inquadrato nel suo visore. Questo ragazzo si trovava direttamente davanti alla bocca del cannone. Un lampo, un tiro colpì il supporto d'acciaio della mitragliatrice antiaerea, alto 50mm e spesso 30mm. Il tiro aveva perforato l'acciaio, ma il proiettile era rimasto conficcato nella seconda metà. Rindsland si chiese cosa fosse successo. 'Proiettile esplosivo', fu la mia risposta. Biro rispose: 'Obice infornato! Fuoco!'.

Un gruppo di soldati sovietici al riparo di una trincea, con un fucilone anticarro.

Uno dei *Panther* danneggiati della *Wiking* alla stazione di Czerkasy.

SS-Oscha. Eugen Faas.

Il fucile anticarro volò in aria, descrivendo una curva, fino a quando non si vide solo un solco tra le rotaie. Del coraggioso fuciliere non c'era più nulla. Ritornando al suo tiro, avevo avuto molta fortuna! Se il soldato rosso avesse mirato leggermente più in alto, sarei stato perforato all'altezza del petto da una pallottola da 16 mm, che sarebbe uscita dalla mia schiena lasciando un buco enorme....Iniziò a nevicare leggermente. Dovevamo proseguire. Sulla destra, c'era un vagone ferroviario rovesciato. Non gli prestai attenzione, poiché non potevo credere che qualcuno si potesse nascondere mentre dei panzer si avvicinavano. Ufken si inquietò. Sembrava avvertire il pericolo. La neve riduceva la nostra visibilità. Osservai delle posizioni anticarro e delle postazioni antiaeree sul nostro fianco sinistro. Ufken si fermò, eravamo a duecento metri dal vagone. 'Proiettili esplosivi e tiri con la mitragliatrice per l'operatore radio. Fuoco a volontà sul vagone!'. Quelli che potevano correre, fuggirono, ma erano ben pochi. Poco dopo, scoprimmo che il vagone era pieno di soldati sovietici. Sfruttando la nevicata, accelerammo e raggiungemmo il nodo ferroviario che portava verso sud su un alto terrapieno".

La stazione di Czerkasy

Il rinforzo di qualche *panzer* per la guarnigione di Kowel fu vitale per essa ma non risolse un altro problema essenziale: il suo rilievo da parte delle truppe del *XLII.Armee-Korps*. La penetrazione effettuata da Nicolussi-Leck fu una boccata d'ossigeno per i difensori di Kovel, ma i reparti sovietici riuscirono a richiudere subito la loro morsa intorno alla città.

Uno scorcio della stazione di Czerkasy con un tratto della linea ferroviaria.

Soldati tedeschi a bordo di un carro aprono il fuoco.

Per questa missione da compiere, il punto di appoggio della stazione di Czerkasy, rimasto isolato e difeso dall'*SS-Oscha*. Eugen Faas[3] con i suoi due *Panzer* danneggiati, si rivelò decisivo. Quando il suo *Panther* era finito su una mina, Faas era in testa alla colonna. Poco prima, aveva distrutto il primo carro *Sherman* che aveva aperto il fuoco dal bordo della foresta. Il secondo era stato messo fuori combattimento dall'*SS-Scharführer* Herberts, il cui veicolo era saltato ugualmente su una mina, tentando di superare quello di Faas. Lasciati alla stazione con sedici granatieri come protezione, i due *Panther* furono attaccati un'ora dopo la partenza degli altri sette *panzer* di Nicolussi-Leck. Un massiccio fuoco si sbarramento finì sul piccolo punto di appoggio.

Festung Kowel

Un gruppo di cannoni d'assalto sul fronte di Kowel.

Quattro salve di sedici lanciarazzi caddero in pochi minuti, colpendo i *panzer* ma senza procurare danni. Quando il fuoco dell'artiglieria cessò, la fanteria sovietica attaccò muovendo dalla foresta. I due *Panther* aprirono il fuoco utilizzando proiettili esplosivi, aprendo ampi varchi nelle masse nemiche. Poi, quando furono a circa 300 metri, Faas ordinò di utilizzare le mitragliatrici. I sovietici proseguirono, malgrado tutto, il loro attacco, costringendo i carristi ad uscire dai loro mezzi per combattere con le pistole mitragliatrici e le granate a mano. E così, l'*SS-Scharführer* Herberts saltò dalla sua torretta per tirare alcune raffiche con la sua pistola mitragliatrice su un gruppo di soldati sovietici armati di bottiglie *Molotov*. Grazie anche all'appoggio di fuoco dei sedici granatieri, l'assalto nemico fu respinto. Gli uomini della *131.Inf.Div.* riuscirono ad eliminare quattro squadre anticarro che si erano pericolosamente avvicinate. Un'ora più tardi, fu lanciato un nuovo attacco dai Sovietici, con lo stesso risultato. La situazione migliorò quando Faas riuscì a stabilire un collegamento radio con l'*SS-Uscha.* Kasper, che si trovava a sud-ovest di Czerkasy con quattro *Panther* bloccati. Grazie alla sua intermediazione, l'artiglieria della *131.Inf.Div.* colpì i bordi della foresta. Da parte loro, i Sovietici replicarono con numerose salve di organi di Stalin. Faas comunicò subito la posizione delle batterie *Katiuscia* ad un osservatore dell'artiglieria. Un tiro ben indirizzato fece esplodere le munizioni delle batterie sovietiche provocando una gigantesca esplosione. Il punto di appoggio di Czerkasy continuò a tenere. Alle 17:00, lo stato maggiore dell'*SS-Pz.Rgt.5* emise il seguente rapporto sulla situazione veicoli: sette *Panther* si trovavano a Kowel, ma gli altri dieci *Panther* della *8.Kompanie*, così come il *Bergepanther* aggregato ad essa, erano immobilizzati per guasti meccanici, dal fango o erano saltati sulle mine.

Soldati tedeschi vicino ad uno *Sherman* sovietico appena distrutto, marzo 1944.

Uno dei *Panther* distrutti lungo la linea ferroviaria.

Su questi dieci *Panther*, i quattro di Kasper dovevano essere rimessi in sesto e dovevano essere subordinati al *III./Germania*. Nel frattempo, i Sovietici moltiplicarono i loro attacchi contro il saliente formato dalla *131.Inf.Div.* e dal *Kampfgruppe Wiking* in direzione di Kowel. Essi tentarono di strangolarlo alla base, lanciando masse di fanteria contro le posizioni di Paryduby, Perewizy e Belicze. L'intervento di un pugno di *StuG.IV* della *1.Bttr./SS-StuG.Abt.5*, inflisse ai Sovietici pesanti perdite e permise all'*SS-Pz.Aufkl.Abt.5* e al *I./Westland*, di respingere tutti i successivi assalti nemici. Anche il *II./Westland* fu duramente impegnato a Milanowicze, per respingere gli attachi di un battaglione sovietico che tentò per due volte di riconquistare la località. Nel corso della notte tra il 30 ed il 31 marzo, l'*SS-Staf.* Richter ordinò all'*SS-Hstuf.* Heinz Treuker[4], comandante della *11.Kp./'Germania'*, di appoggiare i quattro *Panther* di Kasper, incaricati di raggiungere l'*SS-Oscha*. Eugen Faas alla stazione di Czerkasy. Di fronte, i Sovietici continuarono a rinforzarsi, spostando delle truppe e dei carri nella foresta situata in prossimità del punto di appoggio di Faas. L'*SS-Uscha.* Kasper ed i suoi uomini impiegarono ben quattro ore e mezza, per raggiungere la stazione di Czerkasy. Combattendo, Kasper esaurì quasi tutte le sue munizioni, necessarie per rifornire Faas e Herberts. Un messaggio per chiedere nuovi rifornimenti fu immediatamente trasmesso all'*SS-Staf.* Richter. La situazione iniziò a farsi critica meno di un'ora dopo, quando i Sovietici lanciarono un nuovo attacco contro il punto di appoggio. Richter inviò subito dopo la sua risposta: "*...penetrare il fronte difensivo nemico con due panzer per stabilire una linea di rifornimento verso il punto di appoggio*".

I due *Panther* di Faas e Becker distrutti dal fuoco nemico.

Pezzo anticarro sovietico.

Faas si propose per la missione e prese con lui il *panzer* dell'*SS-Uscha*. Becker. Spingendosi verso ovest, i due *Panther* dopo aver percorso circa un chilometro, furono colpiti dal fuoco di alcuni pezzi anticarro che tiravano dal fianco sinistro. I superstiti dei due equipaggi ritornarono alla stazione di Czerkasy a piedi. I tre *panzer* ancora operativi, ripiegarono quindi di 200 metri verso ovest per mettersi al coperto dietro le mura della stazione. Il quarto, quello di Herberts, fu fatto saltare in aria con la dinamite, dopo aver recuperato tutto il suo equipaggiamento.

Il 31 marzo, all'inizio della mattinata, i Sovietici passarono all'attacco contro il punto di appoggio impegnando numerosi battaglioni di fanteria. I tiri concentrati di tre *Panther* e degli elementi della *131.Inf.Div.* bloccarono il nemico ad un centinaio di metri dalle mura della stazione. Pochi minuti dopo, un secondo attacco fu lanciato lungo la linea ferroviaria. Questa volta, il nemico fu bloccato a circa 300 metri dal punto di appoggio.

Tuttavia, i Sovietici si trincerarono sul posto, lasciando alla loro artiglieria il compito di continuare a colpire la stazione. Due pezzi anticarro da 7,62 cm furono portati a 150 metri a sud del punto di appoggio, ma furono subito distrutti dal fuoco dei *Panther*.

Altra foto dei due *Panther* della *8./SS-Pz.Rgt.5* distrutti lungo la linea ferroviaria.

Un pezzo di artiglieria sovietica in posizione, 1944.

Ma Faas ed i suoi *Panther* erano rimasti a corto di munizioni. Un tentativo di rifornimento per via aerea si rivelò disastroso, poiché i piloti della *Luftwaffe* lanciarono i preziosi contenitori sulle linee sovietiche. Mühlenkamp diede allora l'ordine di penetrare verso Kowel con i mezzi operativi e di distruggere tutti gli altri. Ma dopo un colloquio con l'*SS-Hstuf*. Treuker, venne finalmente deciso di penetrare verso ovest al calar della notte con l'unico *Panther* ancora in grado di marciare. I feriti furono sistemati dietro la torretta. Verso le 17:00, un improvviso bombardamento da parte dell'artiglieria sovietica, ferì Treuker che fu allora sistemato sul vano motore dell'ultimo *Panther*. L'*SS-Ostuf*. Helmut Schumacher[5] assunse quindi il comando della *11.Kp./Germania* e subito dopo il piccolo gruppo lasciò la stazione.

Granatieri tedeschi in marcia, marzo 1944.

Carristi del *II./SS-Pz.Rgt.5 (U.S. NARA)*.

Alcune centinaia di metri più lontano, era stata eretta una barricata lungo la linea ferroviaria, dimostrando che i Sovietici stavano aspettando i reparti SS. Il *Panther* proseguì, mentre i granatieri SS tirarono sui soldati sovietici con le loro *MG-42*. Dei pezzi anticarro aprirono il fuoco, senza riuscire però a scalfire la corazza del *Panther* né a far cadere i feriti dietro la torretta. Il *Panther* proseguì ancora la sua marcia prima di saltare su una mina. Ormai bloccato, il *Panther* rappresentava un facile bersaglio e fu colpito ripetutamente fino ad incediarsi. I feriti furono falciati da raffiche di mitragliatrice, mentre un altro ferito morì bruciato all'interno del *panzer*. I soldati SS continuarono allora la loro marcia verso ovest, evitando i gruppi d'assalto sovietici che si stavano preparando a lanciare un attacco contro le linee della *131.Inf.Div.* Quando però furono costretti ad attraversare una palude, finirono sotto il fuoco dei mortai nemici, lamentando cinque caduti e sei feriti. Qualche minuto dopo, i pochi superstiti della *11./'Germania'* raggiunsero finalmente le linee tedesche.

La situazione a Kowel

Nel frattempo, dentro Kowel, i *Panther* di Nicolussi-Leck non restarono inattivi, così come risulta dalla testimonianza dell'*SS-Oscha.* Jauss[6]: "...*Rispondemmo con la nostra assistenza alle richieste difensive degli accerchiati. I comandanti di settore facevano ogni tanto delle richieste in parte irrealizzabili. Bisognava soprattutto risparmiare carburante e munizioni. Solo i bersagli facilmente individuabili erano colpiti. Ciascuna azione di appoggio era valutata a piedi, l'ufficiale responsabile doveva descrivere il bersaglio da colpire. Quello che si trovava a più di due chilometri di distanza era vietato e doveva essere combattuto con la mitragliatrice. I carri, pezzi anticarro, pezzi antiaerei e altri cannoni erano affrontati solo dopo ricognizioni da parte di elementi competenti e solo se ci fosse effettivamente una prospettiva di successo. Dovevamo economizzare la nostra magra scorta di munizioni. Il 30 marzo, eravamo partiti per combattere con circa 80 proiettili, metà perforanti e metà esplosivi. Fino ad allora, avevano sparato più della metà dei nostri proiettili esplosivi. Quando arrivavamo in un settore, tutte le armi pesanti del nemico si concentravano subito in quel punto. E questo non era troppo piacevole per i difensori. Il primo combattimento che si svolse in questo modo ebbe luogo alla periferia nord-ovest della città. Da lì, si poteva osservare la posizione delle batterie antiaeree del nemico a nord della città. Avevamo trovato a piedi un posto da dove potevamo colpire il nemico con successo. Mentre stavamo per* raggiungere questo posto, finimmo sotto il fuoco concentrato di almeno otto pezzi di artiglieria e fummo costretti a ripiegare. Si poteva supporre con qualche certezza che dei partigiani dotati di radio che si trovavano nella città, riferivano ai Sovietici informazioni utili. In quel momento, il controllo dei cieli era in mano ai Sovietici e avrebbero potuto annientare Kowel sotto le loro bombe. La sacca era stata chiusa solidamente.

Un *Panther* bloccato dal fango, viene trainato da un semicingolato.

Formazione di *Panther* in movimento, 1944.

Il punto di appoggio di Czerkasy, nei pressi del passaggio a livello, era in una brutta situazione malgrado l'arrivo dei panzer rimessi in sesto. Si può affermare a posteriori che far avanzare dei panzer sul terrapieno ferroviario allora era stato un errore: che potevano fare dunque là se non costituire un bersaglio immobile, considerando inoltre che davanti ad essi, il terrapieno non era coperto dalla fanteria? Così, la linea ferroviaria fu minata di notte per qualche centinaio di metri dietro di essi. Chiesi a Nico di provare a raggiungere Faas. Mi disse che non c'era nessuna ragione. I panzer bruciavano a qualche metro, dopo il nodo ferroviario. Le batterie antiaeree che si trovavano a nord della città, dovevano essere messe a tacere.

Festung Kowel

Carristi del *II./SS-Pz.Rgt.5* durante un momento di pausa.

Ci mettemmo in marcia con i sei ultimi panzer ancora operativi il 4 aprile, avevamo lasciato Kowel dalla stazione e stabilito il collegamento con la fanteria. Il terreno fu esplorato a piedi per circa trecento metri. Davanti alle nostre linee debolmente tenute, c'era una trincea poco profonda, piena d'acqua, che serviva da fossato anticarro. Trovandoci là, non lontano dal letto della Turja e con il terreno poco adatto ai pesanti carri, non potevamo sperare in un attacco corazzato. Con i nostri panzer pesanti 45 tonnellate, c'erano dei grossi problemi da superare. Avanzammo prudentemente fino a raggiungere il fossato, profondo circa due metri. Dalla nostra parte, era stata buttata della sporcizia. Dall'altra parte, la sponda era alta circa 1,20 metri. In condizioni normali non rappresentava un ostacolo insuperabile. Dopo l'osservazione e la ricognizione della nostra fanteria, furono individuati dei piccoli mucchi di terra con la forma di muri ad una distanza di circa 400-500 metri nella foresta. I cannoni erano stati ben camuffati poiché non li vedevamo. Sul fossato c'erano delle traversine larghe quindici metri, adatte per i panzer *ma non erano più molto ferme. Il passaggio era consentito ad un solo panzer per volta, quindi eravamo un bersaglio gratificante per i cannoni nemici. Io ero in quarta posizione. Il mio campo visivo era molto limitato a causa del* panzer *che marciava davanti a me. Quando il primo panzer giunse in prossimità del fossato, finimmo sotto il fuoco di alcuni pezzi antiaerei. Il* panzer *di testa prese fuoco, poi anche il secondo ed il terzo ricevettero dei colpi. Scheel saltò dal suo veicolo con gli indumenti in fiamme e si gettò nel fango. Il suo equipaggio lo imitò, tutti avevano riportato delle ustioni. Nico aveva ricevuto un tiro contro la torretta ed aveva il viso coperto di sangue e di schegge di metallo. Lanciammo delle granate fumogene per poter ripiegare. Nico aveva preso i feriti con lui. Io restai in retroguardia. Mentre mi rimettevo in marcia, notai che nella località che i nostri* panzer *stavano attraversando, si erano infiltrati dei fanti nemici. Comunicai la cosa per radio ai miei camerati, ma non ci fu alcuna reazione. Feci comprendere al mio pilota, Ufken, di non lasciare la strada. Non potevamo uscire da lì. Dissi allora all'equipaggio: 'passeremo ora attraverso una località dove si trovano dei Sovietici'...*

Festung Kowel

L'*SS-Ostuf*. Nicolussi-Leck durante i combattimenti a Kowel con un altro ufficiale della *Wiking*, 1944.

Alla prima curva, a trenta metri davanti a noi, tra le prime case, Ivan aveva già messo in batteria un cannone da 7,62 cm. Avevo messo la mia mano sulla spalla del mio puntatore. Egli mise il cannone in posizione grazie alle indicazioni date dalla mia mano. Biro: 'proiettile esplosivo!'. Dopo una pressione della mia mano, il puntatore aprì il fuoco. Continuammo ad avanzare lungo la strada. Un pezzo anticarro leggero ci mancò, noi lo distruggemmo. Tentammo di unirci agli altri due panzer *ancora operativi per radio per farci appoggiare. Avanzammo ancora, lentamente. C'era un altro* Ratsch-Bum *che fu distrutto prima che potesse aprire il fuoco. Eravamo giunti nei pressi del villaggio e potevamo vedere i Sovietici fuggire attraverso i campi. Si misero al coperto per sfuggire al tiro delle nostre mitragliatrici. Continuammo a ritirarci tirando con la mitragliatrice in torretta. Avevamo catturato cinque sovietici. Uno di essi aveva una pistola mitragliatrice, che mettemmo all'interno del panzer....Sulla strada del ritorno, proprio davanti alla linea ferroviaria, piombammo su un piccolo gruppo di granatieri impauriti. Li incitai a ritornare sulle loro posizioni per bloccare la progressione dei Sovietici...Portai i cinque prigionieri al quartier generale di Gille. Era già stato informato sul corso della battaglia, ma non sulla situazione delle nostre linee difensive in questo settore. Non sapeva cosa fare per rinforzarlo poiché non c'erano riserve. Dalla zona delle paludi, non si attendevano attacchi...".*

Note

[1] *Bundesarchiv-Militärchiv. Truppenkameradschaft der ehemalige 5.SS-Panzerdivision 'Wiking', Bericht Nicolussi-Leck.*

[2] *Bundesarchiv-Militärchiv. Truppenkameradschaft der ehemalige 5.SS-Panzerdivision 'Wiking', Bericht Karl Jauss.* Karl Jauß, nato il 18 luglio 1922 a Hattenhofen/Göppingen. In precedenza aveva servito nella 1./Sta. 'Deutschland'.

[3] Eugen Faas, nato il 18 febbraio 1921 a Bliesmengen. In precedenza aveva servito nella 2./SS-Pz.Rgt.5.

[4] Heinz Treucker, nato il 1° giugno 1914 a Berlino, SS-Nr. 156 239. In precedenza aveva servito al comando della 9./SS-Inf.Rgt. 'Nordland'. Morì il 1° aprile 1944, dopo essere rimasto gravemente ferito in combattimento.

[5] Helmut Schumacher, nato il 4 ottobre 1915 a Lipsia, SS-Nr. 210 365. In precedenza aveva servito nel II./LSSAH e nella 7./SS-Inf.Rgt. 'Westland'.

[6] *Bundesarchiv-Militärchiv. Truppenkameradschaft der ehemalige 5.SS-Panzerdivision 'Wiking'.*

Cap. IV) Operazione di rilievo

In quella stessa giornata del 31 marzo, la *Wiking* ricevette un nuovo rinforzo, la *7.Kp./SS-Pz.Rgt.5* dell'*SS-Ostuf*. Otto Schneider[1], sbarcata alla stazione di Maciejow. Verso mezzogiorno, uno dei suoi plotoni fu impegnato a colmare una breccia nel settore di Perewisy, mentre gli altri due andarono a mettersi al riparo in una foresta a due chilometri ad est di Tupaly. Poiché la compagnia non aveva veicoli a ruote per i rifornimenti, gli furono assegnati i dieci trattori della *8.Kp./SS-Pz.Rgt.5*[2]. Verso le 17:10, Otto Schneider riferì che l'attacco nemico contro Perewisy era stato respinto con successo e senza riportare perdite. Nel frattempo, si era verificata un'altra penetrazione sovietica nella parte occidentale di Widuty, difesa dal *III./SS-Pz.Art.Rgt.5*, subito eliminata da un immediato contrattacco degli artiglieri SS impegnati come semplici fanti.

SS-Ostuf. **Otto Schneider.**

Il *Panther '713' Berti* dell'*SS-Uscha*. **Männer.**

Una postazione difensiva tedesca nel settore di Kowel, 1944.

Nel settore di Milanowicze, il *II./Westland* dell'*SS-Hstuf*. Walter Schmidt, si ritrovò nuovamente sotto attacco nemico per ben tre volte. I Sovietici furono ogni volta respinti e fu subito dopo necessario ripulire il terreno a sud della località. Ma quest'azione dovette essere rimandata a causa dell'improvviso afflusso di rinforzi sovietici nel settore. Infine, nel settore del *III./Germania*, i Sovietici attaccarono per due volte a sud-est di Stare Koszary, riuscendo ad effettuare una penetrazione locale, ma la precedente linea del fronte fu subito ristabilita da un rapido contrattacco. Alle 22:00, un battaglione di sciatori dell'esercito giunse per costituire la nuova punta dell'attacco in direzione di Kowel. Per il giorno dopo, fu previsto di assegnare la *7.Kp./SS-Pz.Rgt.5* al *Kampfgruppe 'Hack'*, comprendente il *verst.III./Germania*.

Festung Kowel

Una situazione difficile

Alla fine di marzo, lo stato della divisione si presentava veramente disastroso, come testimoniato dallo stesso *SS-Gruppenführer* Gille[3]: "*La divisione era uscita dalla sacca di Korsun senza armi, senza equipaggiamenti e senza veicoli e doveva essere riorganizzata o ricostituita. La riorganizzazione doveva svolgersi al campo di Bergen. A causa della situazione sul fronte dell'Est, i resti non armati della divisione erano stati acquartierati a Lublino e avevano ricevuto l'ordine di costituire un gruppo da combattimento di 4.000 uomini che doveva essere trasferito a Kowel. Delle armi dovevano essere consegnate. La situazione rese tuttavia necessario il rinforzo immediato della città di Kowel, nel frattempo ribattezzata 'piazzaforte'. La maggior parte della fanteria divisionale non armata messa in marcia lungo la linea ferroviaria per Kowel, incontrò una forte resistenza nemica a Nowe Koszary e, visto che non era armata, fu costretta a ripiegare verso ovest. Nel frattempo, alcune armi erano state fornite e la divisione fu di nuovo impegnata, senza armi pesanti, per liberare la piazzaforte di Kowel che era rimasta nel frattempo circondata. Là, la divisione aveva subito delle pesanti perdite, in particolare in ufficiali e sottufficiali, in modo che una riorganizzazione della divisione non era più all'ordine del giorno ma era necessaria una sua ricostituzione completa.*

Un *Panther* in attesa di attaccare.

Una *MG-42* su affusto pesante alla periferia di Kowel, primavera 1944.

Un cannone pesante di fanteria della *Wiking* al traino, 1944.

Carri *Sherman* sovietici distrutti nell'area di Kowel.

Cannoni semoventi impegnati nell'area di Kowel, 1944.

Il nuovo battaglione motorizzato su SPW (senza SPW né veicoli) era stato impegnato e duramente provato. Il battaglione Panther, sbarcato nel frattempo, era stato impegnato senza il suo reparto riparazioni e di conseguenza subì delle forti perdite che potevano essere recuperate solo con l'invio di veicoli e di macchine per la compagnia di riparazione. Il reggimento di artiglieria e il gruppo Flak furono impegnati come fanteria e avevano subito delle pesanti perdite in sottufficiali qualificati. Poiché la città di Kowel si trovava sulla linea del fronte, una ricostituzione qui non era possibile. La divisione doveva, dopo questa battaglia, essere trasferita in un campo di addestramento per poter essere di nuovo operativa nel giro di sei-otto settimane, dopo l'apporto di personale istruito di rinforzo, armi, materiali e veicoli..".

A livello organizzativo, in quel momento la divisione *Wiking* si ritrovò scissa in due gruppo da combattimento ben distinti:

il *Kampfgruppe Wiking*, aggregato alla *131.Infanterie-Division*, con i reggimenti granatieri 'Germania' e 'Westland', l'*SS-Pz.Art.Rgt.5*, l'*SS-Pz.Aufkl.Abt.5*, il grosso dell'*SS-Pz.Pi.Btl.5* e dell'*SS-Flak-Abt.5*, così come la *7.* e l'*8.Kp./SS-Pz.Rgt.5*.

L'*Auffrischungsstab 'Wiking'* (a Chelm) con l'*SS-Pz.Jg.Abt.5*, l'*SS-Pz.Rgt.5* (tranne la *7.* e l'*8.Kp.*), elementi dell'*SS-Pz.Pi.Btl.5* e dell'*SS-Pz.Nachr.Abt.5*, così come tutte le unità di sostegno logistico.

Soldati della *Waffen SS* in combattimento a Kowel, 1944.

Ripresa degli attacchi

Il 1° aprile, malgrado il rinforzo dei sette *Panther* di Nicolussi-Leck, la situazione continuò a restare critica dentro Kowel. Lo stesso posto di comando di Gille era a portata di fucile del nemico. Appena i soldati mettevano il naso fuori dai loro rifugi o dalla loro buche, sentivano le pallottole sovietiche sibilare tutto intorno. Le staffette di collegamento non riuscivano a mantenere i contatti con le prime linee. Il perimetro difensivo si restringeva sempre di più, lentamente ma costantemente. Unica consolazione: le forze nemiche si erano avvicinate troppo e l'aviazione sovietica aveva cessato i bombardamenti sulla piazzaforte. Solo i cannoni e i mortai continuarono a rovesciare tonnellate d proiettili sulle rovine di Kowel. Nel frattempo, circa 400 soldati sovietici si erano avvicinati ad un centinaio di metri dalla stazione, penetrando da nord-est, mentre dei carri attaccarono da sud. A sud del ponte sul fiume Turja, degli elementi sovietici riuscirono a penetrare fino alle case situate a 400 metri dallo stesso. Questa penetrazione fu bloccata all'inizio della serata, ma dei sette *Panther*, ne restarono operativi solo quattro. Inoltre, questi carri superstiti erano a corto di proiettili esplosivi. I più duri combattimenti della giornata si svolsero comunque nel settore di Czerkasy, dove il *Gren.Rgt.434* riferì alle 3:15 di aver perso la quasi totalità del villaggio. Alle 5:00, gli *Stukas* giunsero a bombardare le posizioni sovietiche e subito dopo la *7.Kp./SS-Pz.Rgt.5* passò al contrattacco con l'appoggio del *Bataillon 'Eppighaus'* della *131.Inf.Div.* Alle 7:10, l'*SS-Ostuf*. Otto Schneider trasmise il seguente messaggio[4]: "...*Violenti tiri anticarro sul fianco da sud. Sei* panzer *bloccati nella palude. Due* panzer *danneggiati dalle mine, altri due da noie al cannone. Due* panzer *hanno stabilito il collegamento con il* I./Gren.Rgt.434. *Tre* panzer *ancora operativi si trovano al coperto*". Alle 7:23, l'*SS-Ostuf*. Schneider ricevette l'ordine di ripartire all'attacco con i *Panther* disponibili per liberare la fanteria dello *Schi-Bataillon* che si trovava bloccato a sud di Czerkasy. I cannoni anticarro disposti sul fianco furono eliminati dall'artiglieria e dagli *Stukas*. Poco a poco, i *panzer* avanzarono, eliminando i nidi di resistenza con dei tiri ben precisi. Finalmente alle 12:30, Otto Schneider riferì che Czerkasy era nelle sue mani.

Un *Panther* della 7./*SS-Pz.Rgt.5* bloccato per un cingolo danneggiato.

Panther '714' dell'*SS-Oscha.* Hans Wolf.

Gli restavano ancora due *Panther* operativi, mentre gli altri quattordici erano rimasti immobilizzati nel fango o danneggiati. Alla fine della giornata, Schneider ricevette l'ordine di ripiegare nella foresta situata a due chilometri ad est di Tupaly, lasciando la difesa di Czerkasy al battaglione sciatori. La giornata fu caratterizzata anche dall'azione dell'*SS-Oscha*. Josef Styr, riportata via telex dal XLII.*Armee-Korps* alla 2.*Armee*[(5)]: "*...Un'azione esemplare è stata eseguita durante un contrattacco sovietico dall'SS-Oberscharführer Styr della 1.Kp./Westland. Da alcuni giorni, i Sovietici hanno attaccato le posizioni sul fianco della divisione. Con dodici uomini del suo plotone, Styr occupava una posizione importante su un'altura e l'ha tenuta nonostante i violenti contrattacchi sovietici per abbastanza tempo, permettendo il suo disimpegno da parte degli* Sturmgeschütze. *Più di cento Sovietici morti giacevano davanti alle posizioni del plotone Styr. Lui stesso rimase ferito, ma continuò a dirigere il suo plotone fino a quando* anche il suo ultimo uomo cadde. Uccise al corpo a corpo gli ultimi Sovietici che attaccavano. Per il suo comportamento eroico, Styr ha permesso che questa altura, decisiva per il proseguimento dell'attacco su Kowel, restasse nelle nostre mani".

Un *Panther* con livrea invernale impegnato in combattimento, 1944.

Fronte di Kowel, primavera 1944. In primo piano, una postazione difensiva di elementi di una unità della *Waffen-SS* con un mortaio medio pronto ad aprire il fuoco. Sullo sfondo altri granatieri tedeschi al seguito di un cannone d'assalto impegnati in un attacco contro le posizioni nemiche.

Alle 15:45, Gille inviò il seguente messaggio al *XLII.Armeekorps*: "...Ho l'ordine di stabilire subito il collegamento con il XLII.AK. Propongo quindi di lanciare un attacco nel corso della notte dalla foresta a sud di Czerkasy con tutte le forze corazzate disponibili, compresi i cannoni d'assalto ed i reparti del genio, in appoggio al battaglione 'Hack'. Chiedo una risposta. Per questo, posso fornire da qui un appoggio di artiglieria". La situazione all'interno di Kowel intanto continuò a deteriorarsi: in quel momento la guarnigione della città contava poco più di 1.130 uomini, ma la richiesta dell'*SS-Gruf.* Gille non poteva essere esaudita, poiché il *XLII.Armeekorps* era in attesa di ricevere rinforzi, soprattutto la *4.* e la *5.Panzer-Division*.

Una squadra mitraglieri della *Wiking* sul fronte di Kowel nella primavera del 1944. La verifica delle bande con le cartucce e la pulizia della mitragliatrice erano delle operazioni che andavano fatte ogni giorno per evitare gli inceppamenti durante il tiro (*Michael Cremin*).

Il *Panther* '511' dell'*SS-Ustuf*. Norbert Neven du Mont.

Giungono rinforzi

Il 2 aprile, furono però i Sovietici ad attaccare per prima nell'area ad est di Czerkasy, riuscendo ad effettuare alcune penetrazioni locali, ma tutte eliminate con rapidi contrattacchi dai reparti tedeschi. La *Wiking* passò il resto della giornata nell'attesa di ricevere i rinforzi per l'operazione di rilievo. Nel corso della notte, cinque *Maultiere* del *I./SS-Pz.Rgt.5* giunsero a Maciejow, per rinforzare il treno logistico del *II./SS-Pz.Rgt.5*. Alle 6:30, un convoglio sbarcò la *5.Kp./SS-Pz.Rgt.5*, agli ordini dell'*SS-Ostuf*. Hans-Georg Jessen, con tredici *Panther*, un *Kfz.70*, due trattori e tre *Volkswagen*. Alle 11:40, giunse un altro convoglio con lo stato maggiore del *II./SS-Pz.Rgt.5* dell'*SS-Ostubaf*. Paetsch, con cinque *panzer*, tre *SdKfz.7/1* e tre *Kfz.15*. Infine alle 15:40, giunse la *6.Kp./SS-Pz.Rgt.5* dell'*SS-Hstuf*. Reicher[6], con i suoi dieci *Panther*. Il *II./SS-Pz.Rgt.5* raggiunse la foresta situata ad est di Tupaly dove ritrovò i due *Panther* della *7.Kompanie*. Per il giorno dopo, gli ordini della *2.Armee* erano i seguenti: la *4.Pz.Div.* doveva attaccare da Stare Koszary verso nord, in direzione di Nowe Koszary, per raggiungere l'altopiano a nord-ovest di Moszczona. Il *II./SS-Pz.Rgt.5* doveva appoggiare questo attacco con una delle sue compagnie, muovendo dalle sue posizioni a Krasnoduby, per proteggere il fianco sinistro della *4.Pz.Div.* e bloccare eventuali contrattacchi provenienti da Kruhel. Un plotone del *II./SS-Pz.Rgt.5* doveva inoltre tenersi pronto nei pressi del cimitero di Stare Koszary, alla periferia nord-est della località, per proteggere il fianco destro della *4.Pz.Div.*, verso la zona nord di Czerkasy e poi a Moszczona. Ma non tutto andò come previsto. L'arrivo della *4.Pz.Div.* a Stare Koszary subì un notevole ritardo e questo posticipò l'attacco verso nord per il giorno dopo. Il *II./SS-Pz.Rgt.5* fu dunque incaricato di appoggiare l'attacco della *5.Panzer-Division* contro il villaggio di Kruhel, muovendo da Smidyn, a nord-ovest.

Alcuni *Panther* del *II./SS-Pz.Rgt.5* arrivati sul fronte di Kowel. Sulla destra il *Befehlspanzer* 'R02' dell'*SS-Ostubaf*. **Paetsch.**

L'arrivo del plotone esploratori dell'*SS-Pz.Rgt.5* alla stazione di Maciejow

Il 3 aprile, alle 10:00, giunse un nuovo rinforzo alla stazione di Maciejow: il plotone esploratori dell'*SS-Pz.Rgt.5*, agli ordini dell'*SS-Ustuf*. Manfred Renz[7], con due *Befehlspanther*, quattro *Panzer IV*, un *Maultier* per il trasporto dei pezzi di ricambi e un semicingolato *Kfz.23* per il trasporto di materiale telefonico e due veicoli radio (*Kfz.17*) dell'*SS-Pz.Nachr.Abt.5*. Per appoggiare la *5.Pz.Div.*, la *6.Kp./SS-Pz.Rgt.5* inviò cinque dei suoi *Panther* sulla quota 196,1 a circa 1,5 Km a nord del tratto di linea ferroviaria tra Tupaly e Stare Koszary. Ma l'attacco dei granatieri dell'esercito alla fine non si realizzò e alle 17:40, la *6.Kp./SS-Pz.Rgt.5*, ripiegò nell'area ad est di Tupaly.

All'attacco

SS-Ustuf. **Manfred Renz**.

Il 4 aprile, il *Kampfgruppe 'Dorr'* fu di nuovo aggregato alla *131.Infanterie-Division*. Per coordinare l'attacco, lo stato maggiore dell'*SS-Pz.Rgt.5* giunse a Stare Koszary per stabilire il collegamento con la fanteria del *Kampfgruppe 'Hack'*, il *verst. III./Germania*. Alle 5:15, quando iniziò il fuoco di preparazione dell'artiglieria, i *panzer* furono assegnati ai vari gruppi d'assalto. I primi a muoversi furono carri della *4.Panzer-Division*, scortati dai granatieri di un battaglione d'assalto della *Wehrmacht* e dai volontari germanici del *I/'Germania'*. I reparti avanzati raggiunsero subito i loro primi obiettivi ed iniziarono a penetrare nelle foreste a nord-est di Nowe Koszary e a nord-ovest di Czerkasy. In quel momento, la *6.Kp./SS-Pz.Rgt.5* si trovava a 500 metri a sud di Krasnoduby, mentre la *5.Kp./SS-Pz.Rgt.5* era giunta alla periferia sud-orientale di Stare Koszary per appoggiare i granatieri del *II./'Germania'* dell'*SS-Hstuf.* Schröder[8], contro la foresta e le alture situate a 2,5 Km a sud-est della località. La *7.Kp./SS-Pz.Rgt.5* era invece a 2,5 Km a sud-est di Tupaly dietro le linee del *Gren.Rgt.431* per sfruttare la conquista degli obiettivi assegnati allo *Schi-Jäger-Rgt.2*, al *II./Westland* e al *III./Germania*, in direzione di Kalinowka.

Un *Panther* della *6.Kp./SS-Pz.Rgt.5* poco prima di entrare in azione.

Contrariamente al giorno prima, l'attacco della *5.Pz.Div.* si svolse con successo. Alle 7:40, la *6.Kp./SS-Pz.Rgt.5* riportò[9]: "...*Kruhel è stata conquistata e ripulita dalla nostra fanteria*". Nel settore principale, la *4.Pz.Div.*, come già anticipato prima, aveva raggiunto i suoi primi obiettivi, la foresta e la striscia di terra a nord-est di Nowe Koszary. I Sovietici opposero però una forte resistenza ed ogni posizione dovette essere conquistata solo dopo duri combattimenti corpo a corpo. Proprio a causa della forte resistenza nemica, alle 8:50, il

III./Germania di Hack ed il *II./Westland* di Schmidt erano rimasti bloccati davanti alla foresta situata a sud-est del villaggio di Stare Koszary.

L'attacco tedesco di rilievo su Kowel tra il 4 ed il 5 aprile 1944.

L'*SS-Hstuf.* Alois Reicher.

Panther del *I.Zug* della *6./SS-Pz.Rgt.5* durante l'attacco.

Una *MG-42* impegnata a fornire fuoco di appoggio.

I reparti sovietici, dopo aver ceduto inizialmente del terreno, contrattaccarono subito dopo: migliaia di fanti sbucarono dai loro rifugi urlando come folli. Le mitragliatrici dei volontari germanici riuscirono a bloccarli a malapena. L'insuccesso del *III./Germania* fu dovuto in parte al mancato coordinamento con il reggimento sciatori dell'esercito. Il ritardo permise quindi ai Sovietici di rinforzare le loro difese in questo settore. Sul fianco sinistro, l'intervento di una batteria della *He.StuG-Brigade 190*, non cambiò la situazione. Infatti, la fanteria tedesca aveva subito pesanti perdite durante il suo primo tentativo a causa del fuoco delle mitragliatrici, dei pezzi anticarro e dei cecchini. Un assalto frontale contro le posizioni sovietiche, solidamente costruite ad una cinquantina di metri dietro il bordo della foresta, appariva a quel punto impossibile.

L'*SS-Hstuf*. Reicher, terzo da sinistra, fa il punto della situazione con il suo stato maggiore dopo aver raggiunto il primo obiettivo dell'attacco. Sulla destra, con l'uniforme nera da carrista, l'*SS-Ustuf*. Alfred Grossrock.

Panther della **6.Kp./SS-Pz.Rgt.5** poco prima di muovere all'attacco. Gli equipaggi si consultano per gli ultimi dettagli.

L'*SS-Ostubaf*. Mühlenkamp inviò allora la *5.Kp./SS-Pz.Rgt.5* in appoggio ai due battaglioni SS rimasti bloccati: i *Panther* di Jessen marciarono su entrambi i lati della strada Stare Koszary-Kowel, avanzando lentamente e salutati dalle grida di gioia dei granatieri bloccati sul terreno. Ma a circa quattrocento metri dal bordo della foresta, furono bloccati dal fuoco di una decina di pezzi anticarro sovietici: un *Panther* fu distrutto, un altro saltò su una mina e altri due furono danneggiati da tiri provenienti da Kalinowka. Su tutte le furie, Jessen chiese via radio un appoggio di fuoco: l'artiglieria entrò subito in azione, ma i pezzi anticarro nemici sembravano indistruttibili. Si decise allora di chiamare in causa la *Luftwaffe*: e così, verso le 14:35, il bombardamento di Kalinowka da parte degli *Stukas* e poi la distruzione di due postazioni anticarro e di una mortai pesanti da parte dei tiri dei cannoni di fanteria della *12.Kp./Germania* dell'*SS-Ostuf.* Hannes, permisero di riprendere l'attacco. I granatieri dell'*SS-Stubaf.* Franz Hack si lanciarono quindi verso le posizioni nemiche, superando 600 metri di terreno aperto.

Granatieri SS e fanti della *131.ID* al riparo dal fuoco nemico.

SS-Ostuf. Hans-Georg Jessen.

L'*SS-Ostuf.* Friedrich Hannes, aprile 1944.

La rapidità dell'assalto permise al *III./Germania* di superare due linee di trincee nella parte settentrionale della foresta, fino ad arrivare ad una terza linea, situata più a sud, che comprendeva dei bunker con armi pesanti. L'*SS-Ostuf.* Hannes si portò allora davanti ai suoi uomini, recuperò una mitragliatrice ed eliminò così due punti di appoggio, così come scritto nella proposta per la concessione della Croce Tedesca in Oro[10]: "...Il 4 aprile 1944, il battaglione era schierato e pronto per portare un attacco in direzione di un tratto boscoso ad est di Stare-Kossary. Questo attacco però fu rimandato più volte. I movimenti sul vicino lato sinistro non erano iniziati tempestivamente. Quando poi l'attacco è stato lanciato, la resistenza ostile era diventata così forte, da non permettere agli uomini di uscire fuori dai loro ripari e dalle loro buche. Anche l'avanzata di una batteria di cannoni d'assalto sul lato sinistro del fronte d'attacco, non ha fatto diminuire il fuoco di sbarramento proveniente dal retro della *località, e non ha coperto l'attacco dei cannoni di fanteria della compagnia di Hannes. Era necessario eliminare i nidi di resistenza nemici ed una posizione di mortai pesanti, perché l'attacco potesse avere una possibilità di riuscita.*

Panther della 5.Kp./SS-Pz.Rgt.5 **avanzano lungo la linea ferroviaria** (*Pierre Tiquet*).

Pionieri della *Wiking* **durante l'attacco.**

Gridando per darsi coraggio e di corsa, gli uomini hanno rapidamente superato circa 600 metri di terreno, due fossati difensivi nemici e sono avanzati fino a una terza linea delle difese sovietiche, comprendente bunker e postazioni di armi pesanti. L'attacco portato dall'SS-Obersturmführer Hannes con i suoi uomini ha raggiunto le postazioni avanzate nemiche e nonostante le perdite, sono stati eliminati due nidi di resistenza nemici. Dopo aver raggiunto le nuove posizioni, il suo gruppo d'assalto si è schierato, pronto a contenere un'eventuale reazione nemica. I suoi uomini sono rimasti in posizione finché non sono sopraggiunte nuove forze e nuovi mezzi....". Malgrado questo atto eroico, l'attacco generale fallì a causa della forte resistenza nemica. Il ripiegamento dei reparti, sotto l'incessante fuoco nemico, fu altrettanto difficile. Nel frattempo, la *6.* e la *7.Kp.* dell'*SS-Pz.Rgt.5*, lasciarono il settore di Tupaly per raggiungere Stare Koszary nel pomeriggio. Alle 16:25, l'*SS-Ostubaf.* Mühlenkamp diede il seguente ordine[11]: "...*Il reggimento deve prendere posizione dietro la 4.Pz.Div. e raggiungere Moszczona. La 5.Kompanie deve restare nei pressi della*

131.Inf.Div. *e arriverà più tardi. Le unità del treno logistico del reggimento dovevano restare fino a nuovo ordine a Maciejow, Tupaly e Stare Koszary"*.

Un granatiere della *Wiking* mentre lancia una granata a mano (*M. Cremin*).

Panther della *6.Kp./SS-Pz.Rgt.5* con granatieri della *131.Inf.Div.* caricati sul retro, durante i combattimenti.

Se la giornata non era passata bene per i reparti della *Wiking*, per contro, la *4.Pz.Div.* del *Generalleutnant* von Saucken, era riuscita a conquistare il villaggio di Moszczona e poi aveva proseguito verso quello di Dubowa. Qui, fu impegnata in un dura battaglia con i carri sovietici ad ovest della località. La sua progressione fu tuttavia ostacolata da tiri sul fianco provenienti dal cimitero di Czerkasy e dal settore boscoso situato a nord della linea ferroviaria ad est di Czerkasy. Questi due punti nevralgici non erano stati messi a tacere dagli attacchi della *131.Inf.Div.* Verso sera, la *4.Pz.Div.* rinnovò il suo attacco ad ovest di Dubowa ed attraversò il terrapieno ferroviario. Il *II./SS-Pz.Rgt.5* la seguì nel pomeriggio e raggiunse Moszczona alle 17:45. Seguirono scontri attaccando lungo la strada che portava in direzione di Kowel, con la *6.Kompanie* verso est e sud-est e la *7.Kompanie* verso nord e nord-est. Verso sera, anche la *6.Kp./SS-Pz.Rgt.5*, si ritrovò a meno di tre chilometri a nord-ovest di Kowel, separata ormai da una palude.

Un *Panther* della *6./SS-Pz.Rgt.5* avanza su terreno difficile sul fronte di Kowel.

Un altro *Panther* della *6./SS-Pz.Rgt.5* in marcia.

Al calar della notte, la compagnia corazzata SS ricevette l'ordine di stabilire il collegamento con il punto di appoggio tenuto dalla guarnigione di Kowel nei pressi dell'incrocio ferroviario a nord-ovest della stessa città.
L'*SS-Uscha*. Kurt Swatosch si portò allora in avanti per trovare un passaggio. Nell'avvicinarsi alla linea del fronte, i tiri sovietici si fecero più intensi. Per non attirare l'attenzione degli artiglieri nemici, Swatosch scese dal suo carro per proseguire la sua ricognizione a piedi. Un po' più lontano, individuò una posizione sovietica con tre pezzi anticarro che bloccava il passaggio del terrapieno della linea ferroviaria. L'*SS-Uscha*. Swatosch risalì allora nel suo *Panther*, distrusse i tre pezzi anticarro e tenne la posizione fino all'arrivo del resto della compagnia, che nel frattempo era stata chiamata a muovere in avanti. Questo permise di ristabilire il collegamento con il punto di appoggio alle 23:30[12].

Collegamento dei reparti

Restava ora da consolidare il collegamento: a tal scopo, fu mandato in avanti il *I./Germania*, agli ordini dell'*SS-Stubaf.* Helmut Müller[13], che giunse nei pressi dell'incrocio ferroviario il 5 aprile alle 3:45, senza incontrare resistenza. Fu accompagnato dall'*SS-Ostubaf.* Mühlenkamp e dal suo ufficiale di ordinanza, l'*SS-Ostuf.* Josef Martin. Cercando di proseguire in direzione di Kowel, che era distante solo 2,5 chilometri, il carro comando di Mühlenkamp finì su una mina e questo incidente mise fine alla sua ardua impresa. Nel corso della mattinata, degli elementi dell'*Angriffsgruppe 'Wiking'* riuscirono a riconquistare la stazione di Czerkasy che l'*SS-Oscha.* Faas aveva abbandonato tre giorni prima ma, dopo nuovi e duri combattimenti, questo punto di appoggio fu nuovamente perso. Alle 5:30, la *4.Pz.Div.*, rinforzata dalla *6.Kp./SS-Pz.Rgt.5*, ripartì all'attacco verso sud-est e verso est, con il *Pz.Gren.Rgt.12* e la *7.Kp./SS-Pz.Rgt.5*. Alle 11:30, alcuni elementi del *Germania* furono impegnati ad effettuare il collegamento con il vecchio punto di appoggio a sud-est di Czerkasy, lungo il terrapieno ferroviario che portava ad ovest. Ma alle 12:55, fu chiaro che questo attacco fosse impossibile da lanciare senza l'appoggio delle armi pesanti.

L'*SS-Hstuf.* **Hans Flügel in una foto risalente al 1942.**

L'*SS-Ostubaf.* **Mühlenkamp, dopo aver perso il suo carro, fu costretto a salire su un altro *Panther*, quello di Hans Flügel (R 02), per continuare a dirigere la sua unità.**

Festung Kowel

Queste armi pesanti furono in posizione solo verso le 15:00. L'unica nota positiva riguardava il fatto che si sapeva ormai che i Sovietici avevano concentrato il grosso delle loro difese davanti al fronte di attacco della *131.Inf.Div.* Questa constatazione guidò le successive scelte per l'offensiva. Nel settore della *4.Pz.Div.*, la *6.Kp./SS-Pz.Rgt.5* attraversò la strada che portava da Dubowa a Kowel da nord, eliminò una batteria e raggiunse alle 12:30, il cimitero nella periferia nord-orientale di Kowel.

Panther della *6.Kp./SS-Pz.Rgt.5* impegnati ad attaccare con l'appoggio dei granatieri della *Wiking*.

L'*SS-Ostuf.* **Schneider.**

La *7.Kp./SS-Pz.Rgt.5*, da parte sua, appoggiò il *Pz.Gren.Rgt.12* nella conquista di Dubowa nel pomeriggio[14]: "*...Mentre, all'inizio della mattinata del 5 aprile 1944, la 7.Kp./SS-Pz.Rgt.5 si teneva pronta a penetrare verso Kowel dall'area ad est di Moszczona, il suo comandante, l'SS-Obersturmführer Schneider, non attese l'appoggio dell'artiglieria e della fanteria, ma si lanciò improvvisamente contro il nemico di sua propria iniziativa per approfittare di una situazione favorevole. Riuscì così a distruggere un forte sbarramento anticarro che il nemico aveva stabilito a Dubowa, aprendo così la strada di Kowel alle truppe che seguivano. Egli proseguì l'attacco fino a Kowel, eliminò nella parte settentrionale della città dei forti reparti di fanteria, liberando per primo la strada attraverso la cintura difensiva che avvolgeva Kowel. Durante questa battaglia combattuta aspramente, Schneider si era sempre tenuto alla testa della sua compagnia ed era stato un esempio di coraggio e di spirito di iniziativa per i suoi* *subordinati. Malgrado il suo carro fosse stato colpito durante l'assalto, riuscì a salire su un altro carro per continuare a guidare la sua compagnia. Nel corso di questi combattimenti, la compagnia Schneider aveva distrutto o catturato: una batteria di cinque cannoni antiaerei da 85mm, 27 pezzi anticarro da 76,2 mm, un cannone d'assalto, quattro mortai pesanti, cinque pezzi anticarro leggeri, quattro pezzi antiaerei leggeri e numerose armi di fanteria".*

Panther e granatieri avanzano superando un tratto di terreno paludoso.

Manutenzione di una *MG* di bordo.

La situazione favorevole di cui aveva approfittato Schneider proveniva dalla conquista di Dubowa. A partire da lì, l'accesso a Kowel era molto più largo e non più limitato al solo terrapieno ferroviario circondato da paludi che era stato seguito da Karl Nicolussi-Leck, che aveva scelto la strada più diretta. Schneider aveva potuto effettuare il suo raid poiché il suo fianco sinistro era stato coperto dalla *6.Kp./SS-Pz.Rgt.5*, che si era spinta fino alla periferia nord-orientale di Kowel. La penetrazione lungo la strada di Dubowa fu in seguito allargata verso est ed ovest, con l'appoggio delle truppe della guarnigione. Schneider non si fermò lì: ripartì subito per appoggiare il *I./Germania* lungo la linea ferroviaria Kowel-Stare Koszary, attaccando alle spalle le truppe sovietiche che bloccavano la progressione del battaglione di Helmut Müller. Questi ripartì all'attacco alle 16:00, in testa al *Kampfgruppe Dorr*, per approfittare dello sbandamento delle truppe sovietiche. Ma queste riuscirono ancora a tenere e i granatieri del *Germania* furono bloccati davanti la foresta a quattro chilometri ad ovest di Kowel.

Attacco dei fanti della *131.Inf.Div.* con l'appoggio dei *Panther* della *Wiking*.

Alle 23:40, il *Kampfgruppe Dorr* giunse a circa un chilometro a sud-ovest del nodo ferroviario e da qui, inviò delle pattuglie verso ovest per tenere sotto controllo le sue retrovie. In ogni caso, l'operazione di disimpegno del *LVI.Pz.Korps*, con la *4.* e la *5.Pz.Div.*, appoggiate in maniera decisiva dalla *6.* e dalla *7.Kp./SS-Pz.Rgt.5*, poteva considerarsi a quel punto riuscita.

Note

(1) Otto Schneider, nato il 28 settembre 1921 a Schaßlowitz nei Sudeti, SS-Nr. 400 130. Entrò nelle SS nel 1939, servendo inizialmente nella *15./Sta. 'Deutschland'*. Nel 1941, frequentò la *SS-Junkerschule* di Braunschweig, dopodiché fu assegnato alla *2./SS-Aufkl.-Abt. 'Wiking'* prima di passare al comando della *7./SS-Pz.Rgt.5*.

(2) *Kriegstagebuch SS-Pz.Rgt.5 v.31.3.1944.*

(3) *Bundesarchiv-Militärchiv. RH20-2/868. AOK 2 Abt.IIa Nr.961 .4.44 g.Verlustmeldung.*

(4) *Kriegstagebuch SS-Pz.Rgt.5 v. 1.4.1944.*

(5) *Bundesarchiv-Militärchiv. RH20-2/867. Tagesmeldungen, Ferbschreiben Gen.Kdo.XXXXII.AK Ia an AOK2.*

(6) Alois Reicher, nato il 27 maggio 1914 a Simbach/Inn, SS-Nr. 70 204. In precedenza aveva servito nella *3./Sta. 'Deutschland'*, nella *11./Sta. 'Der Führer'*, al comando della *3./Westland* e infine della *6./SS-Pz.Rgt.5*.

(7) Manfred Renz, nato il 28 luglio 1921 a Pfullingen, SS-Nr. 455 612. In precedenza aveva servito nello *Stab,Aufkl.Abt./SS-VT*, nella *2./SS-Aufl.Abt.2* e come ufficiale nel *II./SS-Pz.Rgt.5*.

(8) Kurt Schröder, nato il 15 luglio 1912 ad Augsburg, SS-Nr. 77 524. In precedenza aveva servito nella *12./Sta. 'Germania'*, al comando della *8./SS-Pol.Inf.Rgt.3* e del *II./Germania*.

(9) *Kriegstagebuch SS-Pz.Rgt.5 v.4.4.1944.*

(10) *Bundesarchiv-Lichterfelde. Personalakte Friedrich Hannes. Vorschlag für die Verleihung des Deutschen Kreuzes in Gold.*

(11) *Kriegstagebuch SS-Pz.Rgt.5 v.4.4.1944.*

(12) *Personalakte Kurt Swatosch. Vorschlag für die Verleihung des Deutschen Kreuzes in Gold. Bundesarchiv-Militärchiv.*

(13) Helmut Müller, nato il 19 febbraio 1914 a Kiel, SS-Nr. 260 019. In precedenza aveva servito al comando della *3./'Germania'* e poi della *4./'Germania'*.

(14) *Bundesarchiv-Lichterfelde. Personalakte Otto Schneider. Vorschlag für die Verleihung des Ritterkreuzes des Eisernen Kreuzes.*

Festung Kowel

Cap. V) La battaglia continua

Dopo aver rotto l'anello stretto dai Sovietici intorno alla città, era necessario ora allargare il corridoio che portava a Kowel. Il nemico aveva subito forti perdite, ma disponeva ancora di sette divisioni fucilieri nel settore, di cui tre si difendevano ancora tenacemente ad ovest della città. Si pensò quindi di assegnare la *131.Infanterie-Division* e la *Wiking* al *LVI.Pz.Korps* per poter allineare il fronte lungo il corso del fiume Turja, su entrambi i lati di Kowel e fino all'imboccatura del Pripet. Ma questo progetto fu temporaneamente abbandonato a causa dello stato penoso in cui riversavano i reparti della *131.Infanterie-Division*. Nella serata del 5 aprile 1944, fu quindi deciso di creare il *Gruppe 'Hossbach'* con il *LVI.Pz.Korps*, l'*VIII.Armee-Korps* e il *Gruppe 'Gille'*.

Panther della *Wiking* e soldati della *131.Infanterie-Division*, aprile 1944.

Panther e carristi della *Wiking*.

Il 6 aprile, alle 0:51, l'*SS-Gruf.* Gille inviò il seguente messaggio all'*SS-Staf.* Richter[1]: "...*Mettete immediatamente in marcia del personale del II. e del III./SS-Pz.Art.Rgt.5 per la costituzione di due batterie di cannoni da 7,62(r). Questi cannoni sono disponibili qui*". Fu però data la priorità all'evacuazione immediata dei numerosi feriti che attendevano da giorni in condizioni precarie. Subito dopo bisognava eliminare i reparti sovietici presenti nei dintorni di

Kowel e soprattutto quelli presenti nei pressi degli importanti nodi ferroviari della città. Il *Gruppe 'Gille'* nel frattempo si era rinforzato con le diverse unità della *Wiking* che erano giunte a Kowel, in particolare gli elementi della *7. e dell'8.Kp./SS-Pz.Rgt.5*. La stagione del disgelo non favoriva però la possibilità di effettuare operazioni su vasta scala, poiché anche i mezzi cingolati si muovevano con difficoltà sul terreno fangoso. Fu tuttavia previsto un attacco per il 7 aprile: il *Gruppe Gille* doveva per questo mettere a disposizione della *4.Pz.Div.* e della *131.Inf.Div.*, una compagnia *Panther*.

Arrivo dei reparti della *Wiking* a Kowel, aprile 1944.

Rifornimento per i *Panther*.

La calma prima della tempesta

Panther '612' con al traino un pezzo anticarro.

Nel corso della giornata del 6 aprile, proseguì intanto l'attacco del *I./Germania* ad ovest di Kowel con l'appoggio della *6.Kp./SS-Pz.Rgt.5*. Nei combattimenti che seguirono un *Panther* fu distrutto. Nello stesso tempo fu segnalata una forte attività dei partigiani di fronte al settore del *I./SS-Pz.Art.Rgt.5*, mentre il *II./Westland*, molto provato dopo i combattimenti di Milanowicze, fu rilevato dalle sue posizioni da un altro reparto. Il personale del reggimento corazzato fu inoltre impegnato nel recupero del carro comando di Mühlenkamp, bersaglio dei pezzi anticarro nemici che tiravano da una distanza di 2.500 metri! Il suo rimorchio, fu effettuato sotto la protezione del carro dell'*SS-Ustuf.* Horst Niemann. Alle 20:30, i Sovietici tornarono ad attaccare a Dubowa e nei sobborghi a nord-est di Kowel. L'*SS-Pz.Rgt.5* ricevette subito i seguenti ordini:

Festung Kowel

Il *Panther* '612' dopo essere rimasto bloccato, viene rimorchiato da un altro *Panther* della 6.*Kompanie*.

Granatieri della *Wiking* lasciano la sponda di un corso d'acqua per raggiungere la periferia di Kowel, aprile 1944 (*Collezione Charles Trang*).

1) Respingere tutti gli attacchi nemici e poi assicurare il fronte verso nord e verso est

2) Impegnare una compagnia nei sobborghi a nord-est di Kowel, nei pressi della fabbrica di mattoni, per coprire gli accessi da nord e da est.

Il 7 aprile, i Sovietici cessarono i loro attacchi. Quindi, la *131.Inf.Div.* e il *Kampfgruppe Wiking* passarono all'attacco a loro volta, in direzione della parte meridionale della foresta a sud-est di Czerkasy. I reparti tedeschi incontrarono una forte resistenza nei pressi delle posizioni fortificate lungo il terrapieno ferroviario davanti al punto di appoggio dei *Panther*. Nel corso della notte, i granatieri del *II./Westland* si portarono all'avanguardia dell'attacco, andando a rilevare quelli dello *Sturmbataillon AOK 2*.

L'8 aprile, il *Gruppe Gille*, direttamente subordinato al *LVI.Pz.Korps* dal giorno prima, annunciò che la zona della fabbrica di mattoni era ormai assicurata. Il *I./Germania* aveva respinto un attacco a sud-est di Czerkasy mentre l'*SS-Pz.Pi.Btl.5* era giunto a rinforzare il *Gruppe Gille* nel corso della giornata. La *2.Kp./SS-Pz.Pi.Btl.5* fu assegnata alla difesa della caserma nord dove i pionieri posarono della mine ed eressero degli ostacoli. In quel momento, la città si trovava sotto il fuoco incessante dell'artiglieria sovietica. Poi la compagnia si trasferì nei pressi del cimitero ebraico e della fabbrica di mattoni, dove rilevò una unità della polizia tedesca. Il 10 aprile, l'*SS-Gruf*. Gille ricevette il rinforzo delle batterie di artiglieria del *I./SS-Pz.Art.Rgt.5*, agli ordini dell'*SS-Hstuf.* Bernau.

Un *Panther* nascosto dietro una casa per sfuggire al fuoco nemico, mentre un granatiere della *Wiking* segue il corso della battaglia, aprile 1944.

Questo gruppo era stato il primo del reggimento di artiglieria ad essere stato riequipaggiato dopo i combattimenti di Cerkassy. All'inizio di aprile, era stato ritirato dal fronte per essere trasferito a Chelm, per ricevere trattori e obici per le sue tre batterie, agli ordini rispettivamente degli *SS-Ostuf*. Wolf, Rammelkamp e Lüers. Era stato quindi considerato operativo e rinviato in prima linea: aveva così appoggiato l'attacco della *4.Panzer-Division* e del *II./Germania* nel corso del 4 aprile. L'11 aprile, dopo aver eliminato la posizione nemica ad est della stazione di Czerkasy, ciò che restava del *I./Germania*, raggiunse il *Gruppe Gille* a Kowel, distaccandosi così dalla *131.Infanterie-Division*.

Pionieri della *Pi.Kp./SS-Pz.Rgt.5*. Il loro compito principale era quello di aprire la strada ai *panzer* del reggimento, ripulendo i campi minati e liberando le direttrici di marcia, ma anche combattendo contro il nemico.

Pionieri della *Pi.Kp./SS-Pz.Rgt.5* ed un *Panther*.

Alla divisione dell'esercito restavano ancora aggregati il *I./Westland* (181 combattenti effettivi), il *II./Westland* (284) ed il *III./Germania* (164). Il *II.*, *III.* e *IV./SS-Pz.Art.Rgt.5*, sempre impegnati come reparti di fanteria, attaccarono sul fianco destro della *131.Infanterie-Division* e raggiunsero alle 12:50, la parte occidentale della quota 198,4 e la periferia di Turowicze, in collegamento con la *253.Infanterie-*

Division. Questo permise di migliorare la copertura meridionale della punta offensiva in direzione di Kowel. I Sovietici da parte loro, continuavano però a mantenere un atteggiamento offensivo e nel corso della notte attaccarono più volte la guarnigione di Kowel, senza successo.

Pionieri della *Pi.Kp./SS-Pz.Rgt.5* impegnati a liberare un *Panther* bloccato lungo il terrapieno ferroviario ad ovest di Kowel.

L'*SS-Hstuf*. Reicher, sulla sinistra, con altri carristi.

Il 12 aprile, alle 7:50, i Sovietici lanciarono un attacco a nord-est di Kowel, contro la quota 179. La *6.Kp./SS-Pz.Rgt.5* fu impegnata a respingere il nemico. Alle 7:55, l'*SS-Hstuf*. Alois Reicher annunciò[2]: "...*La fanteria nemica è stata separata dai carri. Questi continuano ad avanzare verso sud*". Alle 10:30, i *Panther* della *6.Kompanie* avevano distrutto nove carri sovietici. Questo totale salì a quindici alle 13:00. Tre di essi, furono distrutti dall'*SS-Uscha*. Kurt Swatosch. Quest'ultimo era stato incaricato di proteggere il fianco sinistro della compagnia e quando tre *T-34* tentarono di aggirare il grosso dei *Panther* per colpirli alle spalle, intervenne con coraggio e li distrusse tutti.

Giungono rinforzi

Rifornimento per un carro *Panther*, aprile 1944.

Il 13 aprile, i combattimenti calarono d'intensità. I Sovietici mantennero una certa pressione solo con il fuoco della loro artiglieria. Il 14 aprile, il *Gruppe Gille* ricevette il rinforzo del *I./Westland*, passato temporaneamente agli ordini dell'*SS-Hstuf.* Heinrich Amberg[3]. Alle 23:55, Gille inviò il seguente messaggio all'*SS-Staf.* Joachim Richter[4]: "...*Tutti i* panzer *sono senza equipaggi a causa delle pesanti perdite. Bisogna chiedere del personale di rinforzo presso l'*SS-Pz.Ausb. und Ersatz Regiment. *Servono 14 comandanti di carro, 18 puntatori, 11 piloti, 8 operatori radio e 21 caricatori*". Nel corso della notte tra il 14 e il 15 aprile, il *II./Westland* agli ordini dell'*SS-Hstuf.* Walter Schmidt, fu rilevato a sua volta e giunse a Kowel per rinforzare il *Gruppe Gille*. Nella serata del 15 aprile, numerosi carri furono riparati, aumentando così il numero di mezzi operativi disponibili: 35 *PzKpfw.V Panther* e 4 *PzKpfw.IV*.

Un *SdKfz.251 Ausf.D* della *Pi.Kp./SS-Pz.Rgt.5* per le strade di Kowel.

Il giorno dopo, il numero totale dei carri operativi salì a 41. Nello stesso tempo, la *1.Bttr./SS-StuG.Abt.5*, disponeva di cinque *StuG.IV*. Al 16 aprile, il *Gruppe Gille*, comprendeva le seguenti unità:

Festung Kowel

L'*SS-Gruppenführer* **Gille sul fronte di Kowel, 1944.**

Panther **e granatieri della** *Wiking*, **nell'area ad ovest di Kowel. Sulla destra si vedono dei prigionieri sovietici.**

SS-Pz.Gren.Rgt.9 'Germania' (tre battaglioni)
SS-Pz.Gren.Rgt.10 'Westland' (due battaglioni)
SS-Pz.Pi.Btl.5
SS-Pz-Aufkl.Abt.5 (tranne la sua 4.*Kompanie*)
I./SS-Pz.Art.Rgt.5
Eisenbahn-Rgt.5
Resti del Pi.Btl.50
Pi.Btl.662
le.Art.Abt.426 (RSO[5])
2./Art.Abt.849 (RSO)
schw.Art.Abt.843
Pz.Zug 10
Elementi dell'*SS-Kav.Rgt.17*
Elementi dell'*SS-Pol.Rgt.17*
Elementi del *LS-Btl.476 e del LS-Btl.637*
Elementi del *I./Sich.Rgt.177*
Elementi della *213.Sicherungs-Division*
Flak-Abt.854 (tranne due batterie)

L'assenza dell'*SS-Pz.Rgt.5* è giustificata dal fatto che in quel momento l'unità era aggregata tatticamente alla *4.Panzer-Division*.

Consolidare le posizioni

Seguirono alcuni giorni di calma, che permisero alle varie unità della *Wiking* di riposarsi e di rifornirsi, soprattutto in munizioni. Era necessario però riprendere ad attaccare per liberare completamente la guarnigione. Per prima cosa, andavano eliminati i punti di appoggio sovietici presenti ancora lungo la linea ferroviaria che portava a Kowel da ovest. Poi, si doveva conquistare la quota 189,5, da dove le truppe sovietiche controllavano l'accesso alla città. A tal scopo, il *LVI.Pz.Korps* ordinò a due battaglioni di attaccare dal nodo ferroviario ad ovest di Kowel, lungo il terrapieno ferroviario.

Un graduato ed un *Panther* della *Wiking*.

Un soldato della *131.Inf.Div.* apre il fuoco dalla torretta di un *Panther* della *6.Kp./SS-Pz.Rgt.5* con un *MP-44*.

Prigionieri sovietici catturati dai carristi della *Wiking*.

Nello stesso tempo, un raggruppamento corazzato, comprendente un plotone della *4.Pz.Div.*, un battaglione granatieri della *Wiking* ed una compagnia del *II./SS-pz.Rgt.5*, doveva attaccare lungo la strada Kowel-Turzysk per strappare al nemico la parte sud-orientale della città e proseguire verso la cresta sud-orientale della quota 189,5. L'artiglieria della *4.Pz.Div.* e della *131.Inf.Div.* avrebbe appoggiato l'attacco. Nella notte tra il 16 e il 17 aprile, nella parte occidentale di Kowel, il *Pi.Btl.50*, rinforzato dalla 5. e dalla *6.Kp./SS-Pz.Rgt.5*, attaccò alle 1:30 per stabilire una testa di ponte sulla sponda occidentale del fiume Turja, per poi conquistare la caserma sud e infine liberare la strada in direzione della quota 189,5. Il gruppo da combattimento incontrò però subito una forte resistenza e riuscì ad avanzare solo di un centinaio di metri. Un *Panther* fu distrutto da una squadra anticarro nemica. La strada era pesantemente minata e bloccata da due barricate. Alle 4:30, la *6.Kp./SS-Pz.Rgt.5*, attaccò più a nord, senza riuscire però ad allentare la pressione sul *Pi.Btl.50*. Il *Kampfgruppe 'Dorr'* (il reggimento *Germania* rinforzato), aveva iniziato il suo attacco alle 2:30, muovendo da ovest, lungo il terrapieno ferroviario della linea Wlodzimiercz - Kowel. La *11./Germania*, agli ordini dell'*SS-Ostuf.* Schumacher, si lanciò all'attacco, con in testa il plotone dell'*SS-Ustuf.* Gerhard Mahn. Quest'ultimo si distinse eliminando i punti di appoggio nemici uno dopo l'altro, prima all'arma bianca poi quando l'effetto sorpresa sfumò, con i *Panzerfaust* e le cariche esplosive. In questo modo, riuscì a liberare la linea ferroviaria per più di due chilometri, mettendo in fuga il nemico⁽⁶⁾. Restava da conquistare l'altura, situata a sud della linea ferroviaria. Ma l'azione iniziò male: il primo punto di appoggio situato nei pressi del ponte della linea ferroviaria, si rivelò particolarmente coriacea.

Panther della *6.Kp./SS-Pz.Rgt.5* nella pianura leggermente ondulata di Kowel.

L'*SS-Ustuf.* Gerhard Mahn.

I due gruppi d'assalto inviati per eliminarlo furono fatti a pezzi davanti allo sbarramento di filo spinato. L'*SS-Stubaf.* Franz Hack, che avanzava in testa ai suoi uomini, si fece portare cinque *Panzerfaust*. Grazie ai loro tiri simultanei, i difensori furono storditi e questo consentì ai granatieri SS di avere ragione di loro a colpi di pistola mitragliatrice. Con la strada finalmente libera, Franz Hack si lanciò all'inseguimento dei Sovietici e conquistò la quota 189,5, senza lasciare al nemico il tempo di riprendersi. Di sua propria iniziativa, inviò una delle sue compagnie verso est, mentre egli attaccava la parte occidentale di Kowel con il grosso del suo reggimento, sulle retrovie delle forze sovietiche che bloccavano il *Pi.Btl.50*. il suo attacco permise ai pionieri dell'esercito e ai *Panther* di ripartire in avanti. Alle 9:30, il *Kampfgruppe Dorr* stabilì il collegamento con la *6.Kp./SS-Pz.Rgt.5*.

Alle 12:10, la quota 188, situata a sud-est della quota 189,5, cadde a sua volta nella mani dei carri dell'*SS-Hstuf.* Reicher.

Croce di Cavaliere per Franz Hack

Per essersi distinto nei precedenti combattimenti, l'*SS-Stubaf.* Franz Hack, comandante del *III.(gep.)/'Germania'*, fu decorato il 14 maggio 1944, su personale raccomandazione dell'*SS-Stubaf.* Hans Dorr, suo comandante reggimentale e suo grande amico, con la seguente motivazione[7]: *"...Durante l'attacco notturno del 17 aprile 1944 contro la quota 189,5 ed il massiccio collinoso a sud di Kowel (1,5 chilometri a sud-ovest), l'SS-Stubaf. Hack, comandante del III./SS-Pz.Gren.Rgt. 'Germania', si è distinto per lo straordinario coraggio dimostrato davanti al nemico. Il nemico si era posizionato sulla quota 189,5, un solido punto di osservazione che dominava l'unica strada adatta per i rifornimenti e tutta l'area circostante a nord e nord-ovest di Kowel. Per questo semplice motivo le posizioni sovietiche sull'altura erano state ampliate per poter essere difese adeguatamente. Era necessario strappare a qualsiasi costo il nemico da quella solida posizione dominante e spezzare così l'assedio della piazzaforte di Kowel. Era plausibile, che durante la notte, il nemico compisse un attacco da est e da ovest, subito dopo un efficace e intenso fuoco di artiglieria. Il battaglione di Hack, ha* ricevuto *l'incarico, dopo aver occupato la posizione nei pressi dell'incrocio ferroviario occidentale di Kowel, di compiere un attacco durante la notte, lungo la linea ferroviaria Wlodzimiercz-Kowel e di*

L'*SS-Stubaf.* Franz Hack, ferito alla guancia da due schegge, guida l'assalto dei suoi granatieri (*M. Cremin*).

L'*SS-Stubaf.* Franz Hack, a destra nella foto.

avanzare verso sud, occupare i punti di appoggio nemici su entrambi i lati della ferrovia con un colpo di mano, assalire la posizione nemica sulla quota 189,5 e tenerla.

L'*SS-Stubaf*. Franz Hack alla fine dei combattimenti per la quota 189,5.

Festung Kowel

Granatieri della *Wiking* alla periferia di Kowel, aprile 1944.

Il *Panther* '515' della 5.Kp./SS-Pz.Rgt.5.

Reparti tedeschi impegnati nell'area sud-ovest di Kowel.

Il colpo di mano contro il primo punto di appoggio nei pressi del ponte della ferrovia, eseguito da due gruppi d'assalto, all'inizio sembrava non avere successo perche gli uomini erano rimasti bloccati dallo sbarramento di filo spinato posato dai Sovietici. L'appoggio di fuoco delle armi pesanti, non era più possibile, poiché sul posto c'erano troppi uomini della nostra truppa, troppo vicini alle posizioni nemiche. Poiché tutto l'attacco dipendeva dal risultato di questa prima fase, Hack si è affrettato immediatamente ad avvicinarsi con i propri uomini, di entrambi i gruppi d'assalto, contro i primi nidi di resistenza del nemico, sistemati con destrezza tra i pilastri del ponte. Questi nidi sono stati eliminati dopo il lancio di una salva di bombe a mano e grazie al fuoco delle armi automatiche.

Di seguito, con entrambi i gruppi d'assalto, con l'ufficiale in testa, è stato attaccato il primo punto d'appoggio. Attraverso questo impegno esemplare e sconsiderato della propria persona, Hack alla testa dei due gruppi d'assalto, ha strappato le posizioni al nemico attaccandolo a colpi di pistola mitragliatrice e le bombe a mano. Durante l'azione, è rimasto ferito al volto e alla mano destra da alcune schegge di bombe a mano. Nonostante le sue ferite, Hack è restato sul campo e ha attaccato il secondo punto di appoggio situato più avanti. Una volta rinforzatosi con gli uomini del suo battaglione, nel frattempo sopraggiunti, è ripartito all'attacco della quota 189,5, dove i Sovietici hanno opposto un'accanita resistenza. Lo slancio offensivo del battaglione e del suo comandante contro la prima linea, ha costretto il nemico a retrocedere. Dopo un breve ma duro combattimento ravvicinato, il nemico è stato cacciato dalle sue posizioni sulla quota 189,5 e si è ritirato verso sud. Immediatamente dopo la conquista della posizione, Hack ha di propria iniziativa preso la decisione di proseguire l'attacco lungo la linea della ferrovia verso sud ed ha strappato ai Sovietici un punto di appoggio dopo l'altro. Alle prime luci dell'alba, il battaglione aveva occupato e preso posizione sul cavalcavia situato a 400 metri a sud-ovest della quota 188.

Soldati tedeschi nei pressi della periferia di Kowel.

L'*SS-Stubaf.* Franz Hack.

SS-Gruf. Herbert Otto Gille.

Nel corso della giornata sono stati respinti vari tentativi del nemico di rioccupare le posizioni perdute. Hack, solo dopo avere organizzato la difesa, si è recato dal medico di reparto per farsi medicare. E' stato grazie al suo comando avveduto e grazie al suo spavaldo e decisivo impegno personale, nel portare a termine l'operazione, che quest'attacco è stato significativo per la liberazione dall'assedio della piazzaforte di Kowel...".

L'azione degli altri reparti

Nel frattempo, la *5.Kp./SS-Pz.Rgt.5* attaccò la caserma sud e il *Kampfgruppe Dorr* ripulì la parte occidentale della città. Non fu un'operazione semplice, poiché c'erano numerosi nidi di resistenza che minacciavano il fianco del *III./Germania*. L'aiutante del *Kampfgruppe*, l'*SS-Ostuf.* Joachim Barthel, prese allora con lui due gruppi d'assalto lasciati in riserva per eliminare i punti di appoggio nemici.

Gille saluta le forze di rilievo.

Malgrado continuassero a resistere accanitamente, i Sovietici non potevano resistere a lungo agli assalti di Barthel e dei suoi uomini. Quest'ultimo inflisse al nemico pesanti perdite, catturò 22 prigionieri, conquistò 5 pezzi anticarro, numerosi mortai ed un gran numero di armi individuali. Il suo decisivo intervento, consentì al *Kampfgruppe* di portare a termine la sua missione[8]. I Sovietici reagirono, lanciano subito un attacco contro la nuova linea del fronte, facendola arretrare di circa 600 metri. Una compagnia sovietica riuscì ad avanzare lungo la linea ferroviaria a sud del nodo ferroviario. Fu bloccata a 2,5 chilometri a sud-ovest della quota 189,5 grazie all'intervento combinato dei *Panzer*, del *Pi.Btl.50*, dell'*SS-Pz.Pi.Btl.5* e della *Pi.Kp./SS-Pz.Rgt.5*. il fronte fu stabilizzato a nord della foresta situata a nord del *kolkhoz* di Lubliniec. La *Wiking* proseguì i suoi attacchi anche il 18 aprile, riuscendo ad eliminare un importante punto di appoggio sovietico situato a mille metri a nord-est della stazione di Czerkasy, dopo duri combattimenti. Il 19 aprile, il *III.* ed il *IV./SS-Pz.Art.Rgt.5* furono rilevati da elementi della *342.Inf.Div.*, per andare a loro volta a rilevare delle unità di fanteria della *131.Inf.Div.* Seguirono alcuni giorni di calma.

I Diamanti per Gille

Il 19 aprile 1944, Herbert Otto Gille aggiunse i Brillanti alla sua Croce di Cavaliere con Fronde di Quercia e Spade. La proposta per il conferimento fu scritta dal *General der Infanterie* Hossbach, comandante del *LVI.Pz.Korps* e sottoscritta dal *Generaloberst* Weiss, *Oberbefehlshaber* della *2.Armee* e dal *Generalfeldmarschall* Ernst Busch, comandante dell'*Heeresgruppe Mitte*: *"...L'eroica difesa durata settimane a Kowel è terminata; la guarnigione ha resistito alle grandi difficoltà dovute all'approvvigionamento e alle rilevanti perdite subite a causa di un nemico superiore, questo grazie al deciso comando e al grande valore personale del suo Generale. Firmato: Hossbach* General der Infanterie u. Komm. General LVI.Pz.Korps.

L'SS-Gruppenführer e Generalleutnant delle Waffen-SS Gille si è distinto attraverso il suo comando esemplare e con il suo impegno eroico e coraggioso, portando avanti la difesa della piazzaforte di Kowel, durata per più settimane. Il solido sbarramento creato a Kowel è stato l'anima della resistenza soprattutto per il rapporto di forze in campo dove la superiore forza nemica non ha avuto la meglio contro una piccola e sparuta forza difensiva. Con il suo vivo esempio, ha consentito un ammirevole svolgimento dei combattimenti difensivi della città. In quest'occasione egli ha preso decisioni molto dure e nonostante il mantenimento di una calma eccezionale anche nel momento nel quale il combattimento sembrava arrivato a un punto disperato, con decisione, ha saputo incutere fiducia nei difensori. Firmato: Weiss Generaloberst und Oberbefehlshaber 2.Armee.

L'*SS-Gruf.* Gille riceve i Brillanti dalle mani del *Führer*.

Generale Friedrich Hossbach.

SS-*Gruf.* Herbert Otto Gille.

Il Generalleutnant *delle* Waffen-SS *Gille, ha contribuito in modo decisivo al successo difensivo riportato a Kowel. Firmato:* Busch Generalfeldmarschall".

Proseguono gli scontri

Il 22 aprile, una nuova operazione offensiva della *131.Inf.Div*, richiese l'appoggio dell'*SS-Pz.Rgt.5*, che mise a disposizione sei *Panther*. Al 23 aprile, il numero di carri operativi era il seguente: 55 *Panther*, 4 *PzKpfw.IV* e 6 *StuG IV*. Il 24, la *1.Bttr./SS-StuG.Abt.5* fu distaccata dalla *131.Inf.Div.* e giunse a Kowel, dove fu subordinata al *Gruppe Gille*. Questa batteria rappresentava in quel momento la sola unità operativa dell'*SS-StuG.Abt.5*, che non aveva ancora uno stato maggiore ed un comandante. In quella stessa giornata, l'artiglieria e i mortai sovietici ripresero a colpire il fronte del *Gruppe Gille*. Intervennero allora i *Panzer* per far cessare questo fuoco di sbarramento. Presero posizione a sud della città ed eliminarono numerose posizioni nemiche impiegando proiettili esplosivi. Ad est, dei pezzi anticarro e dei cannoni di fanteria della *Wiking*, arrivati da poco, furono impiegati con successo contro i punti di appoggio e i *bunker* sovietici.

Reparti motorizzati e corazzati della *Wiking* nell'area di Kowel.

Il 25 aprile, la *7.Kp./SS-Pz.Rgt.5* fu inviata a nord di Kowel dove fu aggregata alla *4.Pz.Div.* Da parte sua, il *Gruppe Gille*, ricevette di rinforzo la *2.Kp./Pz.Jg.Abt.49*.

Note

[1] Bundesarchiv-Militärchiv. RH20-2/869. *Funkspruch Gruppe Gille SS-Kgr. 'Wiking' v. 6.4.1944, 0.51 Uhr.*

[2] *Krigestagebuch SS-Pz.Rgt.5 v.12.4.1944.*

[3] Heinrich Amberg, nato il 2 marzo 1911 a Schleswig, SS-Nr. 90 987. In precedenza aveva servito nella *3./Tot.Inf.Rgt.1* e al comando della *4./Germania*.

[4] Bundesarchiv-Militärchiv. RH24-56/116. *Gruppe Hossbach. Tagesmeldung an AOK 2, Ia Nr.1153/44 geh.*

[5] Lo Steyr RSO (da *Raupenschlepper Ost*, letteralmente trattore cingolato est) era un cingolato da trasporto prodotto dall'austriaca *Steyr*.

[6] Bundesarchiv-Lichterfelde. *Personalakte* Gerhard Mahn. *Vorschlag für die Verleihung des Deutschen Kreuzes in Gold.*

[7] Bundesarchiv-Lichterfelde. *Personalakte* Franz Hack.

[8] Bundesarchiv-Lichterfelde. *Personalakte* Joachim Barthel. *Vorschlag für die Verleihung des Deutschen Kreuzes in Gold.*

Cap. VI) Operazione Ilse

Il 26 aprile, furono diramati gli ordini per una nuova operazione, denominata *'Ilse'*: il piano prevedeva un attacco con l'*SS-Pz.Rgt.5* e il battaglione dell'esercito del *Major* Quehl, lungo la linea ferroviaria a sud della quota 189, in direzione di Lubliniec, per poi proseguire verso sud-est, per conquistare la quota 193 e infine bloccare il guado sul fiume Turja nei pressi di Horodelec. I granatieri del *Germania* e del *Westland* dovevano restare in riserva. L'operazione fu preparata da Joachim Richter e Manfred Schönfelder. Gille era momentaneamente assente, essendo andato in Germania, per ricevere personalmente dal *Führer* i Brillanti per la sua Croce di Cavaliere.

L'*SS-Staf.* **Mühlenkamp a bordo del *Panther* 'R02', Aprile 1944** (*Pierre Tiquet*).

Pionieri della *Wiking* in azione.

Il 27 aprile, alle 5:00, l'*SS-Kampfgruppe 'Mühlenkamp'* prese posizione nei pressi del mulino a vento situato alla periferia sud-orientale di Kowel, con le seguenti unità: *Rgts-Stab, Abt.Stab II./SS-Pz.Rgt.5, 8.Kp./SS-Pz.Rgt.5, Pi.Kp./SS-Pz.Rgt.5, 2.Kp./Pz.Jg.Abt.49* ed un plotone del *I./Flak-Rgt.64*. Alle 6:10, la fanteria del *Major* Quehl lasciò le sue posizioni e attraversò la linea ferroviaria a tre chilometri a sud-ovest di Kowel, per assicurare il controllo della palude tra il passaggio a livello e il villaggio di Lubliniec.

Mappa dell'area di Kowel, 1944.

Un carrista della *Wiking*.

Si dovevano preparare le posizioni di partenza per il proseguimento dell'attacco. A tal scopo, i pionieri della *Pi.Kp./SS-Pz.Rgt.5*, furono impegnati a bonificare i campi minati. Alle 6:40, il *Major* Quehl annunciò di aver raggiunto Lubliniec e che il suo battaglione si trovava nella foresta, a sud della quota 189,5. Ora che la palude era nelle mani tedesche, la *6.Kp./SS-Pz.Rgt.5* poté muovere all'attacco. La posizione di Lubliniec fu conquistata dai granatieri dell'esercito, ma la resistenza dei Sovietici si rivelò particolarmente ostica nella foresta situata ad est della linea ferroviaria. Alle 7:50, la *6.Kp./SS-Pz.Rgt.5* riportò[1]: "...*Impossibile attraversare la linea ferroviaria, poiché quest'ultima è fiancheggiata da ovest da tre pezzi anticarro, da sud dalla periferia est di Lubliniec da altri tre cannoni. Le mine non possono essere eliminate poiché il terreno non è stato ancora ripulito dalle truppe nemiche*". Fu necessario impiegare delle granate fumogene per permettere il passaggio della linea ferroviaria con il plotone dell'*SS-Ustuf*. Alfred Grossrock[2] alla testa della compagnia: i *panzer* di Alois Reicher furono impegnati in combattimento contro i nidi di resistenza sovietici, difesi da pezzi anticarro e mortai. Una volta eliminate tutte le posizioni difensive nemiche, i pionieri della *Pi.Kp./SS-Pz.Rgt.5* poterono bonificare il terreno dalle mine sotto la protezione dei granatieri dell'esercito. Le forze sovietiche in fuga ripiegarono su Dolhonosy. Dal *Gruppe Gille* giunse un messaggio che confermò la conquista di Lubliniec e di Dolhonosy, anche se queste posizioni furono rastrellate dalla *6.Kp./SS-Pz.Rgt.5* poco dopo. Bisognò attendere comunque fino alle 15:00 affinché i campi minati fossero completamente neutralizzati e fosse creato un passaggio attraverso la palude. Una volta eliminati i pezzi anticarro sovietici, sette in tutto, la *6.Kp./SS-Pz.Rgt.5* investì Lubliniec alle 15:20, poi girò verso est per attaccare la quota 191,5 per permettere alla fanteria tedesca di attraversare la foresta a sud della quota 189,5. La *5.Kp./SS-Pz.Rgt.5* fu subito impegnata al seguito della compagnia dell'*SS-Hstuf*. Reicher per lanciare una ricognizione con uno dei suoi plotoni verso sud-est in direzione di Horodelec. Il villaggio fu raggiunto dopo aver neutralizzato una debole resistenza sovietica.

L'*SS-Ustuf*. Alfred Grossrock a bordo del suo *Panther*, sul quale hanno preso posto anche dei soldati dell'esercito (US NARA).

L'*SS-Hstuf*. Reicher, a sinistra nella foto.

Una colonna nemica, comprendente dodici camion con altrettanti pezzi anticarro al traino, fu annientata. La 5.*Kp./SS-Pz.Rgt.5* si attestò allora nei pressi del guado sul fiume Turja, come da ordini ricevuti. Nel frattempo, la 8.*Kp./SS-Pz.Rgt.5* prese posizione ad ovest di Lubliniec per coprire i fianchi ovest e sud-ovest dell'attacco. Alla fine della giornata, l'*SS-Kampfgruppe 'Mühlenkamp'* aveva distrutto o catturato: 43 pezzi anticarro pesanti, 6 pezzi anticarro leggeri, 7 mortai, 4 cannoni di fanteria, 18 fucili anticarro, 4 cannoni antiaerei, tre carri di tipo *Mark III*, 28 camion ed un rimorchio. Il 28 aprile, il capo di stato maggiore del Gruppe Gille, l'*Oberstleutnant i.G.* Gerhard Reimpell, ordinò a Mühlenkamp di riportare le sue compagnie corazzate a Kowel, cosa che avvenne verso sera.

Festung Kowel

Panther e Pak sovietico catturato.

Spettò quindi alla *131.Inf.Div.* assicurare il fronte lungo il fiume Turja, da Horodelec fino a Kowel. Più ad ovest, l'arrivo della *342.Inf.Div.* aveva permesso il rilievo dell'*SS-Flak-Abt.5, II., III.* e *IV./SS-Pz.Art.Rgt.5*, impegnati sempre come fanteria per tenere il fronte da Paryduby a Widuty. Dopo essere state rilevate, queste unità furono inviate al campo di Debica per essere ricostituite e riequipaggiate.

Nuove operazioni

I combattimenti non erano però finiti. C'era da eliminare una testa di ponte nemica sul fiume Turja, a sud di Kowel e furono chiamati in causa la *8.Kp./SS-Pz.Rgt.5* e la *131.Inf.Div.* Leggiamo la testimonianza dell'*SS-Oscha.* Karl Jauss[(3)]: "*...Il terreno non era ancora praticabile ovunque, c'erano molte zone ancora paludose. Malgrado questo, tutto si svolse come previsto, come ad una esercitazione. La differenza fu solo che il nemico sparava veramente. La fanteria e i pionieri non potevano seguire i panzer. Questo fece perdere altro tempo, in particolare per ripulire i campi minati. Quando Ivan scoprì le nostre intenzioni, smontò le proprie installazioni e fuggì al di là della Turja. Ci riuscì in parte.*

Un Panther della 6.Kp./SS-Pz.Rgt.5 avanza lungo la linea ferroviaria.

Verso le 17:00, io coprivo con il mio plotone un'altura situata in prossimità della linea ferroviaria Kowel-Lublino, contro una zona boscosa e la strada si trovava ad una distanza di un chilometro. Esplorando il terreno, avvistai quattro camion di fabbricazione americana con quattro pezzi anticarro al traino. Naturalmente volevano andarli a prendere. Quattro piloti di carro scesero dai loro panzer *per montare a bordo del mio mezzo. Avvicinandoci, scoprimmo su entrambi i lati della strada, un'altra cinquantina di veicoli che si erano apparentemente bloccati nelle paludi quando avevano tentato di attraversarle. Tutto andò bene. Recuperammo i camion e i pezzi anticarro...".*

Alla fine di aprile del 1944, l'*SS-Gruf.* Gille fece un'ispezione alle prime linee nel settore del III./*'Germania'*, alla presenza del suo comandante, l'*SS-Stubaf.* Franz Hack, a destra di Gille.

Un'altra foto di Gille nel settore del III./*'Germania'*.

Il 29 aprile, fu lanciata una nuova operazione, per eliminare un saliente sovietico ad est della città. A tal scopo, il *Gruppe Gille* fu rinforzato dalla 1.Bttr./SS-StuG.Abt.5 e dalla 8.Kp./SS-Pz.Rgt.5. Una volta completata questa missione, di portata assai limitata, i carri tornarono all'*SS-Pz.Rgt.5*. Nei giorni seguenti, non si verificarono scontri di rilievo, ma solo colpi di mano da parte dei reparti tedeschi, per tentare di migliorare il nuovo fronte difensivo. Il 1° maggio, un contrattacco lanciato dal *Gruppe Gille* per colmare una breccia a sud-est di Kowel, incontrò una forte resistenza nemica. Fu impegnato ancora il plotone della 8.Kp./SS-Pz.Rgt.5 agli ordini dell'*SS-Oscha*. Karl Jauss[(4)]: *"...Il 1° maggio, alle 4:30, con il mio III.Zug, dovevo appoggiare un contrattacco della fanteria. Era diventata una routine. Il calzolaio della* nostra compagnia, un certo Keuk, 42 o 44 anni, uno dei più anziani nella nostra unità, con due figli nella Kriegsmarine, mi chiese se poteva per una volta, venire con me per servire come caricatore. Mi lasciai convincere, poiché l'operazione doveva durare per circa un'ora. Ci recammo nel punto convenuto all'ora stabilita. La fanteria aveva la forza di un grosso plotone. Discutemmo della marcia di avvicinamento. Posi delle domande sulla natura molto limitata dell'obiettivo perché secondo me, non era necessario l'appoggio dei carri.

Botola di un pilota di un carro *Panther* della *Wiking* (US NARA).   **Un *Panther* in manovra.**

Carristi della *Wiking* ricevono ordini.

La fanteria doveva avanzare per un centinaio di metri dalla stazione per riconquistare le sue vecchie posizioni. Tra il terreno della stazione e la posizione, c'era una piccola conca, che non vedevamo. Come avevamo discusso, avevamo colpito le posizioni dei Sovietici così violentemente da non permettergli di alzare la testa dalle loro buche. La fanteria però non si era mossa, anche se il nemico non sparava più. Informai il battaglione per radio che avevo raggiunto la posizione ma che la fanteria non mi aveva seguito. Continuai ad avanzare solo, senza copertura sui miei fianchi, una cosa assai stupida. Mi fu ordinato di pazientare fino a quando la fanteria non avesse ripreso le sue posizioni e di fare un rapporto sulla nuova situazione ogni ora. Fu allora che iniziarono dei tiri dell'artiglieria nemica, ben aggiustati, probabilmente sparati da due batterie da 152. Le granate caddero abbastanza vicino era dunque probabile che i loro osservatori si trovassero abbastanza vicini. Il primo rapporto inviato al battaglione diceva: '…ci troviamo sotto i tiri dell'artiglieria pesante. Chiediamo di poter ripiegare di 120 metri per evitare di subire perdite'. Il battaglione rispose: '…la posizione deve essere mantenuta fino a nuovo ordine'.

Festung Kowel

Con questi tiri di artiglieria, la fanteria non poteva avanzare. Ci mettemmo quindi a tirare su ogni nido di mitragliatrice o di arma di fanteria del nemico. Fölster si trovava dietro di me, non lontano dalla stazione di rifornimento. Questi aveva già ricevuto due colpi ed era ricoperto di detriti.

Vista dalla torretta di un *Panther*, mentre alcuni pionieri raccolgono rami.

Un carrista caricatore della *Wiking*.

Manutenzione delle armi di bordo.

Egli voleva assolutamente cambiare di posizione, quindi lo autorizzai a farlo per un centinaio di metri. Non riuscì a muoversi per i troppi detriti. Dopo numerosi tentativi, ruppe uno dei suoi cingoli. Chi poteva riparare un cingolo sotto il fuoco dell'artiglieria? Verso mezzogiorno, tutti i veicoli erano bloccati. Appello al battaglione: '...Tutti i panzer sono danneggiati, tre sono immobilizzati ma ancora capaci di tirare, avvisate la squadra riparazioni e i rimorchi!'. Il battaglione rispose: 'Poiché il ripiegamento non è più possibile, pazientate ancora un poco'. I rapporti delle 13:00 e delle 14:00 furono altrettanto cattivi. Verso le 14:30, il mio veicolo ricevette un tiro sulla parte frontale, vicino alla mitragliatrice dell'operatore radio. Il panzer sussultò, come colpito da un pesante pugno, un rumore infernale ed un lampo accecante. Il compartimento si riempì di fumo giallo. L'operatore radio era salvo per miracolo, ma la sua mitragliatrice e la stessa radio erano fuori uso. Il proiettile nemico era caduto nel punto dove la nostra corazza era più spessa....Alle 15:00, dovetti fare rapporto con una radio di un altro panzer distante una quarantina di metri. Il caricatore del Panther '833' mi aprì la sua botola e mi tuffai all'interno. Il rapporto diceva: '...Non c'è un solo panzer operativo, due cannoni danneggiati, quattro panzer immobilizzati, parzialmente capaci di tirare. Chiediamo l'intervento della squadra rimorchi e della squadra riparazioni'. *Risposta:* '...il plotone rimorchio sarà pronto alle 16:00. Rimorchierà i mezzi al calar della notte'. *Ritornai sul mio carro. A partire dalle 15:00, il fuoco sovietico diventò sporadico. Una squadra di nostri bombardieri in picchiata ci sorvolò e andò a colpire le posizioni dell'artiglieria nemica con le loro bombe. Questo ci sollevò in maniera sensibile.*

Un *Panther* bloccato rimorchiato con un cavo d'acciaio.

Caricamento munizioni.

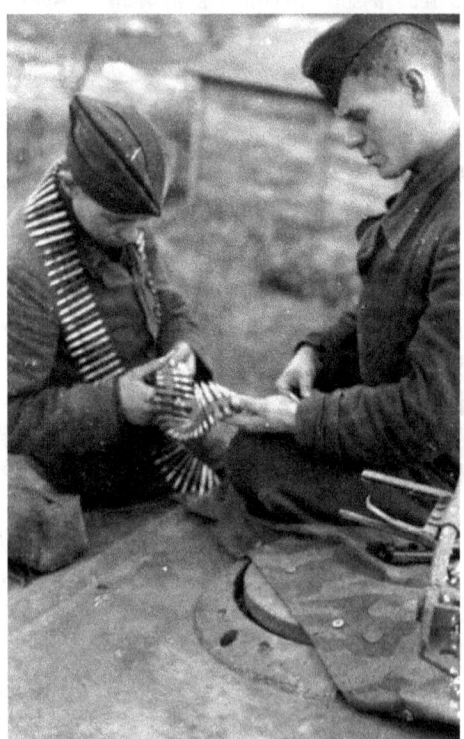

Riempimento delle bande di cartucce.

Si udirono subito dopo dei tiri di fucile. Si trattava di tiratori scelti ben imboscati. Gli uomini della squadra riparazioni lavorarono sul panzer *di Fölster. Dopo una ventina di minuti, il carro poteva muoversi ma doveva restare là fino a quando la fanteria non fosse arrivata sulle sue posizioni. Verso le 17:00, il nostro* panzer *operativo si posizionò dietro al mio per trainarmi. Ci dovette tirare un poco prima di lasciare il rimorchio ad un trattore. Keuk ed io uscimmo dalla botola del caricatore per attaccare il cavo di rimorchio. Una volta fatto questo e quando eravamo pronti per essere rimorchiati, Keuk cadde al suolo. Era stato colpito da una pallottola al collo. Riuscii con grande sforzo a portarlo sullo scafo del* panzer. *Saltai così velocemente da evitare un altro tiro del cecchino, che mi sfiorò la scarpa....Verso le 18:00, tutti i* panzer *erano stati rimorchiati. Il giorno dopo, la posizione fu portata più avanti per una nuova unità di fanteria, sotto i tiri dell'artiglieria. Il nostro* panzer *fu riparato...".*

Sempre nella giornata del 1° maggio del 1944, il *Gruppe Gille* era passato nel frattempo agli ordini dell'*SS-Oberführer* Gustav Lombard. Questi telefonò subito al comando del *LVI.Pz.Korps* per chiedere il rilievo della sua guarnigione, ormai stremata e con pochi uomini ancora in grado di combattere. Ma il corpo corazzato tedesco non aveva i mezzi per operare il rilievo delle forze a Kowel, essendo già duramente impegnato a ristabilire il collegamento con le unità del *XXXXII.Armee-Korps*.

Panther della *Wiking* in marcia lungo la linea ferroviaria nel settore di Kowel, aprile 1944.

Un comandante di carro della *Waffen SS*.

Quindi, sia la divisione *Wiking* sia la stessa guarnigione di Kowel, dovevano continuare a mantenere le loro posizioni. Il 2 maggio, la *1.Bttr./SS-StuG.Abt.5* ritornò in seno alla *Wiking* dopo essere stata impegnata per tutto il mese di aprile alle dipendenze della *131.Infanterie-Division*. Il 4 maggio, la *Wiking* ricevette l'ordine di andare a rilevare la *253.Inf.Div.* a sud di Kowel. Il 6 maggio, la compagnia di carri *Panther* distaccata alla *4.Pz.Div.* ritornò in seno all'*SS-Pz.Rgt.5*, portando così il numero di mezzi operativi a 61 *PzKpfw.V*, 4 *PzKpfw.IV* e 11 *StuG.IV*.

Ritiro dal fronte

L'8 maggio, l'*SS-Pz.Rgt.5* fu ritirato da Kowel per essere posto in riserva del *LVI.Pz.Korps* a Maciejow per poter essere pronto ad intervenire nei settori della *26.Inf.Div.*, della *4.Pz.Div.*, della *342.Inf.Div.* e della *131.Inf.Div.* I reggimenti *'Germania'* e *'Westland'* lasciarono ugualmente il *Gruppe Gille* il giorno dopo, per essere subordinati direttamente alla *2.Armee* con il resto della divisione. Il 6 giugno, in seguito all'ordine del *Führer* del 1° giugno, la *Wiking* fu ritirata dal fronte per essere riorganizzata al campo di Heidelager (Debica), in Polonia.

L'*SS-Gruf.* Herbert-Otto Gille con la sua Croce di Cavaliere con Fronde di Quercia, Spade e Brillanti.

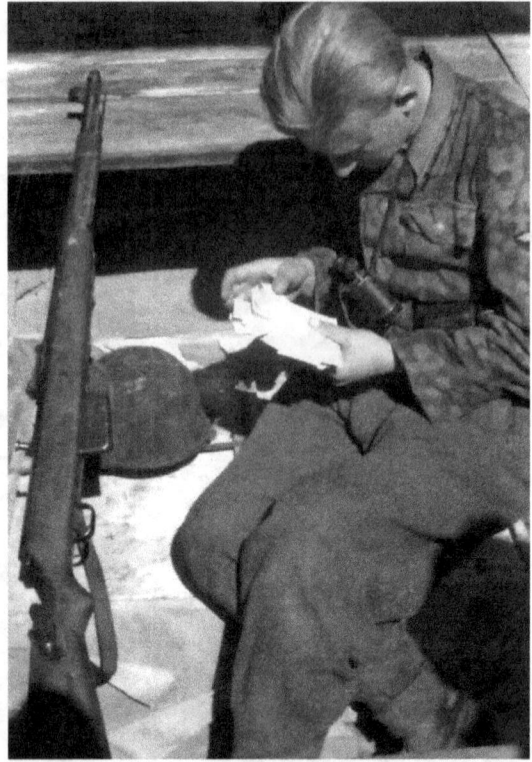

Apertura della posta. Il fucile sulla sinistra è un *Gewehr 41 Walther*, un fucile semiautomatico, ingombrante e pesante.

Gille in visita al *II./SS-Pz.Rgt.5* accolto dall'*SS-Ostubaf*. Otto Paetsch.

Lo stato maggiore dell'*SS-Pz.Rgt.5*, il *II./SS-Pz.Rgt.5* ed il *III./Germania*, restarono ancora in riserva operativa nelle retrovie. La battaglia per Kowel si era conclusa con un importante successo per le forze tedesche ed in particolare per la *Wiking*, un successo che non alterò il corso della storia e non fermò l'inarrestabile marcia dell'armata rossa verso ovest, ma tuttavia fu una grande vittoria difensiva,

Festung Kowel

combattuta in condizioni particolarmente estreme, nel corso della quale il valore e la combattività dei reparti della *Wiking* furono messe ancora in evidenza.

L'*SS-Staf.* Mühlenkamp in visita all'officina riparazioni dell'*SS-Pz.Rgt.5*, diretta dall'*SS-Ostuf.* Paul Schlüter, a sinistra nella foto.

Pionieri e carristi della *Wiking* nel settore di Kowel.

Ufficiali della *Wiking* si consultano prima di una nuova battaglia. Da sinistra, Schumacher, Dorr e Hack.

Note

(1) *Kriegstagebuch SS-Pz.Rgt.5* v.27.4.1944.
(2) Alfred Großrock, nato il 2 gennaio 1918 a Ludwigsburg, SS-Nr. 285 640. In precedenza aveva servito nella *1./SS-Pz.Rgt.5*. Era stato decorato con la Croce Tedesca in Oro, il 9 giugno 1943.
(3) *Unser Wiking Ruf*, numero 4, pagina 52
(4) *Unser Wiking Ruf*, numero 4, pagina 52-53.

L'*SS-Ostuf*. Karl Nicolussi-Leck a bordo del suo *Panther*, Aprile 1944.

Bibliografia, fonti e riferimenti fotografici

Fonti primarie
Archivi pubblici
Bundesarchiv Berlin Lichterfelde, Germania
Bundesarchiv-Militärarchiv Freiburg, Germania
U.S. National Archives Washington, Stati Uniti
Vojensky Historicky Archiv Praga, Republica Ceca

Riviste e pubblicazioni dell'epoca
Rivista *Signal*, varie edizioni e vari numeri
Rivista *Das Schwarze Korps*, vari numeri

Fonti secondarie: libri pubblicati
Sulla Waffen SS in generale
M. Afiero, "*Waffen SS in guerra. Vol.III: 1944-1945*", Associazione Culturale Ritterkreuz
F. Duprat, "*Les campagnes de la Waffen SS*", Les Sept Couleurs
H. Landemer, "*La Waffen SS*", Balland, 1972
Felix Steiner, "*Die Freiwilligen: Idee un Opfergang*", Plesse Verlag, Göttingen 1958

Sulla Wiking e reparti ad essa assegnati
Fritz Hals, "*Der Panzerdivision Wiking im bild*", Munin Verlag
Ewald Klapdor, "*Viking Panzers: The German SS 5th Tank Regiment in the East in World War II*", Stackpole Books
Jean Mabire, "*La Panzer Division SS Wiking*", Fayard
Rolf Proshek, "*Verweht sind die spuren: 5.SS Panzer regiment im bild*", National Europa Verlag
Jacek Solarz, "*Wiking 1941-1945*", Wydawnitctwo Militaria
P. Strassner, "*European Volunteers: the 5.SS-Panzer-Division Wiking*", J.J.Fedorowicz Publishing, 2006
Charles Trang, "*Wiking, volume 3: Mai 1943-Mai 1945*", Edizioni Heimdal

Pubblicazioni periodiche
Rivista *Der Freiwillige*: alcuni numeri
Rivista *Siegrunen*, periodico pubblicato da Richard Landwehr: alcuni numeri
Rivista *Ritterkreuz*, bimestrale dedicato alle formazioni della *Waffen SS*: alcuni numeri

Riferimenti fotografici
Bundesarchiv, Germania (BA)
Washington, D.C. National Archives and Records Administration (NA)
Berlin Document Center (BDC)
Istituto di Storia Moderna di Lubiana (MZNS)
Filmati Deutsche Wochenschau (DW)
ECPA
Nation Europa Verlag, Coburg (NEV)
HTM Budapest
Imperial War Museum (IWM)
Munin Verlag

Collezioni private
Massimiliano Afiero (MA), Geir Brenden (GR), Giorgio Bussano (GB), Michael Cremin (MC), Marc Rikmenspoel MR), Pierre Tiquet (PT), Charles Trang (CT), Olli Wikberg (OW)

Sommario

INTRODUZIONE 5

CAP. I) LA SITUAZIONE SUL FRONTE DI KOWEL 7
    Riorganizzazione dei reparti 9
    Giungono nuovi ordini 10
    Festung Kowel 12
    I cavalieri SS in azione 14
    Arriva Gille 15
    Trasferimento verso Kowel 18
    La riorganizzazione del II./SS-Pz.Rgt.5 21

CAP. II) LA DIFFICILE AVANZATA VERSO KOWEL 27
    L'arrivo dei reparti corazzati 30

CAP. III) L'ATTACCO DELLA 8.KP./SS-PZ.RGT.5 36
    L'azione di Nicolussi-Leck 36
    La Croce di Cavaliere per Nicolussi-Leck 43
    Testimonianza di Karl Jauss 45
    La stazione di Czerkasy 50
    La situazione a Kowel 55

CAP. IV) OPERAZIONE DI RILIEVO 59
    Una situazione difficile 60
    Ripresa degli attacchi 62
    Giungono rinforzi 65
    All'attacco 67
    Collegamento dei reparti 74

CAP. V) LA BATTAGLIA CONTINUA 79
    La calma prima della tempesta 80
    Giungono rinforzi 84
    Consolidare le posizioni 85
    Croce di Cavaliere per Franz Hack 88
    L'azione degli altri reparti 91
    I Diamanti per Gille 92
    Proseguono gli scontri 93

CAP. VI) OPERAZIONE ILSE 95
    Nuove operazioni 98
    Ritiro dal fronte 103

BIBLIOGRAFIA, FONTI E RIFERIMENTI FOTOGRAFICI 107

TITOLI PUBBLICATI - ALREADY PUBLISHING

www.ingramcontent.com/pod-product-compliance
Lightning Source LLC
LaVergne TN
LVHW081543070526
838199LV00057B/3764